零基础学出纳

会计实操辅导教材研究院 编著

SPM 南方传媒 广东人民出版社

·广州·

图书在版编目（CIP）数据

零基础学出纳 / 会计实操辅导教材研究院编著. —广州：广东人民出版社，2020.2（2023.2重印）

ISBN 978-7-218-13966-1

Ⅰ. ①零… Ⅱ. ①会… Ⅲ. ①出纳—基本知识 Ⅳ. ①F233

中国版本图书馆CIP数据核字（2019）第248168号

Ling Jichu Xue Chuna

零 基 础 学 出 纳

会计实操辅导教材研究院　编著

出 版 人：肖风华

责任编辑：陈泽洪

封面设计：范晶晶

内文设计：奔流文化

责任技编：吴彦斌

出版发行：广东人民出版社

网　　址：http://www.gdpph.com

地　　址：广州市越秀区大沙头四马路10号（邮政编码：510199）

电　　话：（020）85716809（总编室）

传　　真：（020）83289585

天猫网店：广东人民出版社旗舰店

网　　址：https://gdrmcbs.tmall.com

印　　刷：东莞市翔盈印务有限公司

开　　本：787毫米×1092毫米　1/16

印　　张：13.25　字　数：200千

版　　次：2020年2月第1版

印　　次：2023年2月第7次印刷

定　　价：45.00元

如发现印装质量问题，影响阅读，请与出版社（020-87712513）联系调换。

售书热线：020-87717307

前　言

　　出纳人员，既是财务工作的前端，也是整个财务工作流程当中的信息收集者，需要对企业的经济业务进行最初的分类、归整，并且初步审核经济业务的真实性和完整性，是财务工作当中不可或缺的组成部分。

　　作为会计岗位中的一个特殊岗位，出纳掌管着企业的现金及其他有价证券等，这种工作的特殊性要求出纳人员必须提高自身素质，明确相关责任，加强防范意识。对于经手的业务，出纳人员需按照专业的方法进行处理，有计划地进行，谨慎、细致地完成工作，避免给企业造成损失。

　　为了进一步提高广大出纳人员的职业道德水平，加强工作能力，在财务管理工作中发挥出应有的作用，我们依据我国财政部最新颁布的《企业会计准则》及相关法律法规，结合财务管理工作的实际，编写了本书。本书覆盖了企业出纳岗位的基础理论知识，把知识点进行了精编汇总，并通过丰富的图表、案例突出重点内容，有效节省了读者的时间并提高了学习效率。

　　本书编委会成员在编写本书时力求做到精益求精，但由于会计制度、会计准则、税务政策等会随时调整，本书难免存在不足之处，恳请读者们在使用过程中给予谅解和支持，并将建议及时反馈给我们，以便我们不断完善。联系邮箱为：kefu@acc5.com。

　　学海无涯，学无止境。愿读者朋友们坚持不懈，努力学习，出纳之路长青。

会计实操辅导教材研究院编委会

2019年12月

目录

1

出纳的职业素养

第一章

第一节 出纳与会计的区别

微信扫一扫
免费看课程

一 什么是出纳?

出纳是按照有关规定和制度，办理本单位的现金收付、银行结算及有关账务，保管库存现金、有价证券、财务印章及有关票据等工作的总称。

在中国古代，出纳也指家庭等方面的收支管理情况，如清代田兰芳在《明河南参政袁公（袁可立子袁枢）墓志铭》中写道："十七来归，即传家政。按亲族，御臧获，美肴酒，综出纳，无事不井井。"

从广义上讲，只要是票据、货币资金和有价证券的收付、保管、核算，就都属于出纳。它既包括各单位会计部门专设出纳机构的各项票据、货币资金、有价证券收付业务处理，票据、货币资金、有价证券的整理和保管，货币资金和有价证券的核算等各项工作，也包括各单位业务部门的货币资金收付、保管等方面的工作。狭义的出纳则仅指各单位会计部门专设出纳岗位或人员的各项工作。

二 认识出纳工作

通过字面来看，"出"即支出，"纳"即收入，而"出纳"就是对收入与支出进行管理。所谓"会者不难，难者不会"，很多外行人对出纳的认识也存在着一定的局限性。下面我们就从不同的角度来认识出纳。

（一）出纳工作的范围

如果单纯从工作的角度来看，出纳作为一种工作类别，就是指管理货币资金、票据、有价证券进进出出的一项工作。如果从广义上看，只要涉及票据、货币资金和有价证券的收付、保管、核算，就都属于出纳工作；而从狭义上看，则只有各企业会计部门或财务部门专门设立的出纳岗位或出纳人员的工作才属于出纳工作。

（二）任职要求

表1-1　出纳任职要求举例

单位	出纳岗位任职要求
长沙某公司	1. 会计、财务等相关专业，中专以上学历，有会计专业知识； 2. 了解国家财经政策和会计、税务法规，熟悉银行结算业务； 3. 熟练使用各种财务工具和办公软件，且电脑操作娴熟，有较强的责任心，有良好的职业操守，作风严谨； 4. 善于处理流程性事务，有良好的学习能力、独立工作能力和财务分析能力； 5. 工作细致，责任感强，有良好的沟通能力、团队精神
深圳某公司	1. 办理银行存款和现金领取； 2. 负责支票、汇票、发票、收据管理； 3. 做银行账和现金账，与供应商核对账目； 4. 负责报销差旅费的工作； 5. 1年及以上相关工作经验
上海某公司	1. 负责日常收支的管理和核对，负责现金支票的收入保管、签发支付工作； 2. 负责办公室基本账务的核对，购买票据，开具与保管票据； 3. 根据公司领导的需要，编制各种资金流动报表，管理银行账户、转账支票与发票； 4. 严格按照公司的财务制度报销结算公司各项费用并编制相关凭证； 5. 及时准确地编制记账凭证并逐笔登记总账及明细账，定期上缴各种完整的原始凭证； 6. 负责登记现金、银行存款日记账并准确录入系统，按时编制银行存款余额调节表； 7. 负责记账凭证的编号、装订、保存，归档财务相关资料； 8. 配合会计人员做好每月的报税和工资的发放工作； 9. 完成其他由上级主管指派及自行发展的工作

（三）出纳岗位的类型

就出纳在企业所充当的角色来看，其可以作为企业设置的一种工作岗位。在实际生活中，出纳岗位一般设置在会计机构内部，用于管理货币资金、票据、有价证券的进出，如各企事业单位在财会科、财会处内部设置的专门处理出纳业务的出纳组、出纳室等就属于出纳岗位。

由于所在企业的业务特点不同，出纳岗位也可进行进一步的划分，大致有以下三种类型，如表1-2所示。

表1-2　出纳岗位的类型

类型	说明
全能型出纳	全能型出纳一般常见于小微型企业、社区中心等单位或组织，他们承担着所在单位资金收付存管理的全部工作，涉及业务处理的全过程以及各个方面
专业型出纳	专业型出纳一般常见于现金或银行业务收支发生频率比较高的企业，如个体的零售和餐饮机构。这类出纳在企业中有明确的分工，分别单独从事着部分专项工作，如只负责现金业务的现金出纳、只负责银行存款业务的银行出纳等
层级型出纳	层级型出纳一般常见于资金收支业务经办点比较多、资金收支业务发生频率比较高的企业，如酒店、医院、连锁型零售和餐饮机构等。这类企业一般会就出纳岗位设置多个资金收支岗，其中既包括专业型的出纳岗位，又包括对初级出纳岗位的业务进行汇总、记账、检查等工作的上级岗位

三　什么是出纳人员？

从广义上讲，出纳人员既包括会计部门的出纳工作人员，也包括业务部门的各类收款员（收银员）。从工作内容、方法、要求，以及其本身应具备的素质等方面看，收款员（收银员）与会计部门的专职出纳人员有很多相同之处。他们的主要工作是办理货币资金和各种票据的收入，保证经手的货币资金和票据的安全与完整；他们也要填制和审核许多原始凭证；他们同样是直接与货币打交道，除了要有过硬的出纳业务知识以外，还必须具备良好的财经法纪素养和职业道德修养。

有所不同的是，收款员（收银员）一般工作在经济活动的第一线，负责各种票据和货币资金的收入，特别是货币资金的收入，通常是由他们转交给专职出纳的；另外，他们的工作过程是收入、保管、核对与上交，一般不专门设置账户进行核算。所以也可以说，收款员（收银员）是出纳（会计）机构的派出人员，他们是各单位出纳队伍中的一员，他们的工作是整个出纳工作的一部分。出纳业务的管理和出纳人员的教育与培训，应从广义角度综合考虑。狭义的出纳人员仅指会计部门的出纳人员。

（一）出纳人员的配备方式

对于每个企业而言，由于其规模、特点以及业务需要不同，其在配备出纳人员时的考虑也有所不同。一般来讲，出纳人员的配备方式主要有三种，其具体内容如表1-3所示。

表1-3　出纳人员的配备方式

企业情况		配备方式	
规模	出纳工作量		
一般	正常	一人一岗	专设一名出纳人员
较小	轻松	一人多岗	设置一名兼职出纳人员
较大	烦琐	一岗多人	1. 分设管理收付和管账的出纳人员； 2. 分设管理现金和银行结算的出纳人员

（二）出纳需要做什么？

对于出纳的工作内容，我们常常会听到诸如"跑跑银行、做做账""帮公司管钱""跟会计差不多"之类的回答。看到这里，无论是已经在做出纳工作，或是正打算做出纳工作的人，恐怕都会心里一凉，进而对出纳工作提出疑问：难道出纳就这么一文不值吗？

上面的看法都以偏概全，乃管中窥豹矣。那出纳具体要做什么呢？往广了说，可以是办理现金收付和银行结算、账簿和凭证管理、工资发放、交税等内容；而往细了说，则可以具体到每天的工作内容。

下面我们就通过出纳的一天来认识下出纳都要做什么。我们可以将出纳一天的工作划分为四个区间，总的来说就是"一准备""二办理""三清点""四整理"。

1．"一准备"

这是出纳每天上班后需要做的第一件事。"准备"就是对当日工作的一个计划安排，包括向上级请示当天新增的资金收付情况，以及根据已有安排与新增计划，按照轻重缓急的程度对当日的工作计划进行补充。

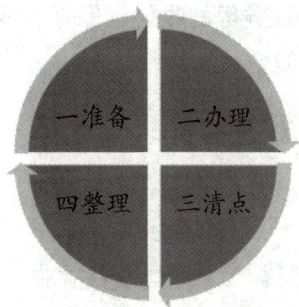

图1-1　出纳每日工作的四个区间

2．"二办理"

这是出纳每天的主要工作，也是每天最为繁忙的业务处理时间。"办理"主要包括办理各项对内和对外的收、付款业务，审核各类报销凭证的内容、手续等，填写记账凭证，登记日记账，办理相关报批手续等。

3．"三清点"

"清点"主要是临近下班前的清点、检查工作。"清点"的内容主要包括：查询银行账户的余额，并与银行日记账进行核对；清点库存现金的实有数，并与库存现金日记账进行核对；向上级提交当天现金和银行存款的日报表等。在清点过程中，如果发现账款的实有数与记录数不一致，出纳人员要严格遵守"日清月结"的规定，立即查明原因，并使用正确的方法进行调整。

4．"四整理"

"整理"即下班前的最后一项收尾工作，本着谨慎的原则，对当日工作做一个总结。"整理"的内容主要包括：将当天所有的凭证、账表以及重要资料放入安全位置；保险柜中重要物品归档；检查所有应加锁保存的物件是否已经锁好；整理办公桌面，为明日工作做好保障。

四　出纳与会计的区别

会计，从其所分管的账簿来看，可分为总账会计、明细账会计和出纳。三者既相互区别又有联系，是分工与协作的关系。

（一）各有各的分工

总账会计负责企业经济业务的总括核算，为企业经济管理和经营决策提供总括的、全面的核算资料；明细账会计分管企业的明细账，为企业经济管理和经营决策提供明细分类核算资料；出纳则分管企业票据、货币资金，以及有价证券等的收付、保管、核算工作，为企业经济管理和经营决策提供各种金融信息。

学堂点睛

总体上讲，必须实行钱账分管，出纳人员不得兼管稽核和会计档案保管，不得负责收入、费用、债权债务等账目的登记工作。总账会计和明细账会计则不得管钱管物。

（二）既互相依赖又互相牵制

出纳、明细账会计和总账会计之间有着很强的依赖性。他们核算的依据是相同的，都是会计原始凭证和会计记账凭证，这些作为记账凭据的会计凭证必须在出纳、明细账会计和总账会计之间按照一定的顺序传递；他们相互利用对方的核算资料，共同完成会计任务，缺一不可。同时，他们之间又互相牵制与控制。出纳的现金、银行存款日记账与总账会计的现金、银行存款总分类账，总分类账与其所属的明细分类账，明细账中的有价证券账与出纳账中相应的有价证券账，它们之间都有金额上的等量关系。这样，出纳、明细账会计和总账会计三者之间就构成了相互牵制与控制的关系，三者之间必须相互核对，保持一致。

（三）出纳与明细账会计的区别

出纳与明细账会计的区别只是相对的，出纳核算也是一种特殊的明细核算。它要求分别按照现金和银行存款设置日记账，银行存款还要按照存入的不同户头分别设置日记账，逐笔序时地进行明细核算。"现金日记账"要每天结出余额，并与库存数进行核对；"银行存款日记账"也要在月内多次结出余额，并与开户银行进行核对。出纳和明细账会计在月末都必须按规定进行结账，月内还要多次出具报告单报告核算结果，并与现金和银行存款总分类账进行核对。

（四）出纳工作是一种账实兼管的工作

出纳工作，主要是现金、银行存款和各种有价证券的收支与结存核算，以及现金、有价证券的保管和银行存款账户的管理工作。现金和有价证券放在出纳的保险柜中保管；银行存款由出纳办理收支结算手续。出纳既要进行出纳账务处理，又要进行现金、有价证券等实物的管理和银行存款收付业务，这和其他财会工作有着显著的区别。除了出纳，其他财会人员是管账不管钱、管账不管物的。出纳工作的这种分工并不违背财务"钱账分管"的原则，这是由于出纳账是一种特殊的明细账，总账会计还要设置"现金""银行存款""长期投资""短期投资"等相应的总分类账对出纳保管和核算的现金、银行存款、有价证券等进行总金额的控制。其中，有价证券还应有出纳核算以外的其他形式的明细分类核算。

（五）出纳工作直接参与经济活动过程

货物的购销必须经过货物移交和货款的结算这两个过程。其中的货款结算，即货物价款的收入与支付，就必须通过出纳工作来完成；往来款项的收付、各种有价证券的经营以及其他金融业务的办理更是离不开出纳人员的参与。这也是出纳工作的一个显著特点，而其他财务工作一般不直接参与经济活动过程，只对其进行反映和监督。

（六）管理内容不同

"管钱的不管账，管账的不管钱"，这是财务领域里的一句俗话，其实说的就是会计与出纳在管理内容上的区别。"管钱的不管账"说的就是出纳，出纳的主要职责是管好企业的每一笔资金进出；而"管账的不管钱"说的就是会计，会计的主要职责是对企业的每一笔业务做好账务处理，而不直接经手企业的钱财。

但在实际生活中，出纳还有一项重要工作是登记现金和银行存款日记账。看到这里，可能有的读者就会提出疑问：不是说出纳"管钱不管账"吗，怎么又要管账了呢？其实，这与上面的观念并不矛盾：一方面，出纳登记的日记账其实是使出纳对自己经手的钱财做到收支有数，并按照一定的要求向单位领导汇报；另一方面，对于现金和银行存款，会计还会编制总账和明细账，通过将会计账与出纳账核对，也可以监督出纳的账是否正确。因此，出纳登记日记账并不会造成监督上的漏洞。

第二节 | 出纳的岗位职责

一 出纳的岗位职责

出纳是会计工作的重要环节，涉及的是现金收付、银行结算等活动，而这些活动又直接关系到职工个人、单位乃至国家的经济利益，一旦工作出了差错，就会造成不可挽回的损失。因此，明确出纳人员的职责和权限，是做好出纳工作的基本条件。根据《中华人民共和国会计法》《会计基础工作规范》等财会法规，出纳人员具有以下职责：

（一）按照国家有关现金管理和银行结算制度的规定，办理现金收付和银行结算业务。

（二）出纳人员应严格遵守现金开支范围，非现金结算范围不得用现金收付；遵守库存现金限额，超限额的现金按规定及时送存银行；现金管理要做到日清月结，账面余额与库存现金每日下班前应核对，发现问题要及时查对；银行存款账与银行对账单也要及时核对，如有不符，应立即通知银行调整。

（三）根据会计制度的规定，在办理现金和银行存款收付业务时，要严格审核有关原始凭证，再据以编制收、付款凭证，然后根据编制的收、付款凭证逐笔顺序登记现金日记账和银行存款日记账，并结出余额。

（四）按照国家外汇管理和结汇、购汇制度的规定及有关批件，办理外汇出纳业务。外汇出纳业务是政策性很强的工作，随着改革开放的深入发展，国际间经济交往日益频繁，外汇出纳也越来越重要。出纳人员应熟悉国家外汇管理制度，及时办理结汇、购汇、付汇，避免国家外汇损失。

（五）掌握银行存款余额，不准签发空头支票，不准出租、出借银行账户为其他单位办理结算。这是出纳人员必须遵守的一条纪律，也是防止经济犯罪、维护经济秩序的重要方面。出纳人员应严格使用和管理支票和银行账户，从出纳这个岗位上堵塞结算漏洞。

（六）保管库存现金和各种有价证券（如国库券、债券、股票等）的安全与完整。要建立适合本单位情况的现金和有价证券保管责任制，如发生短缺，属于出纳人员责任的要进行赔偿。

（七）保管有关印章、空白收据和空白支票。印章、空白票据的安全保管十分重要，在实际工作中，因丢失印章和空白票据给单位带来经济损失的不乏其例。对此，出纳人员必须高度重视，建立严格的管理办法。通常情况下，单位财务公章和出纳员名章要实行分管，交由出纳人员保管的出纳印章要严格按规定用途使用，各种票据要办理领用和注销手续。

二 出纳工作的基本内容

（一）办理银行存款和现金领取。

（二）负责支票、汇票、发票、收据的管理。

（三）做银行账和现金账，并负责保管财务章。

（四）负责报销差旅费。

（五）员工工资的发放。

学堂点睛

1．员工出差分可借支和不可借支，若需要借支就必须填写借支单，然后交总经理审批签名，再交由财务审核，确认无误后，由出纳发款。

2．员工出差回来后，据实填写差旅费报销单，并在单后面贴上收据或发票，先交由证明人签名，然后给总经理签名，进行实报实销，经会计审核后，再由出纳给予报销。

三 出纳工作涉及的业务

表1-4　出纳工作涉及的业务

业务类型	业务内容
现金收付业务	1. 工作中涉及现金收付的，要当面点清金额，并注意票面的真伪。若收到假币，予以没收，由责任人负责； 2. 现金一经付清，应在原单据上加盖"现金付讫"章。多付或少付金额，由责任人负责；

（续上表）

业务类型	业务内容
现金收付业务	3. 把每日收到的现金送到银行，不得"坐支"； 4. 每日做好日常的现金盘存工作，做到账实相符；做好现金结报单，防止现金盈亏；下班后将现金与等价物交还总经理处； 5. 一般不办理大面额现金的支付业务，支付用转账或汇兑手续。特殊情况需报审批； 6. 员工外出借款无论金额多少，都须总经理签字批准，并用借支单借款。若无批准借款，引起纠纷，由责任人自负
银行账处理业务	1. 登记银行日记账时先分清账户，避免张冠李戴；开汇兑手续； 2. 每日结出各账户存款余额，以便总经理及财务会计了解公司资金运作情况，以调度资金；每日下班之前填制结报单； 3. 保管好各种空白支票，不得随意乱放； 4. 公司账务章平时由出纳保管
报销审核业务	1. 确认支付证明单上经办人和证明人是否签字，若无签字，应补充； 2. 检查附在支付证明单后的原始票据是否有涂改；若有，应问明原因或不予报销； 3. 查看正规发票是否与收据混贴；若有，应分开贴（原则上除印有财政监制章的财政票据外，其余收据不得报销，也不得税前扣除）； 4. 核对支付证明单上填写的项目是否超过三项；若超过三项，应重填； 5. 查看大、小写金额是否相符；若不相符，应更正重填； 6. 核实报销内容是否属于合理的报销；若不合理，应拒绝报销；有特殊原因的，应经审批后方可报销； 7. 确认支付证明单上是否有总经理签字；若无签字，不予报销

第三节 出纳应具备的职业意识

一 牢记"国法"和"家规"

国家法律知识和单位的规章制度是会计从业人员的必修课，作为从事出纳的人员，必须在国家的法律法规以及单位的规章制度的约束下开展其工作，并且承担相应的法律责任。

（一）什么是"国法"？

正所谓"无规矩，不成方圆"，法律、规章制度是规范人们行为的有效依据和手段。出纳工作是企业内控管理的重要环节，如果出纳人员不了解法律法规、不遵守规章制度，就可能会出现随意处置票据、按照关系亲疏报销费用、不按规则登记账目、日记账登记混乱等情况。

从国家层面上讲，规范出纳人员执业行为的法律、规章等就是"国法"。"国法"作为国家法律，以国家管理者的身份对出纳人员应该做什么、不应该做什么进行了指导与约束。各单位都在国家这个集体中开展业务活动，理应遵循国家制定的法律和相关法规，出纳只有在了解了这些法律法规的基础上，才能做好自己的本职工作，为单位把好关，减少甚至避免单位因违法而造成的损失。

（二）八部"国法"

对出纳人员而言，其应该重点关注与日常职业活动息息相关的法律法规。在职业活动中，出纳至少应当铭记八部"国法"，其名称和内容说明如表1-5所示。

表1-5 出纳应铭记的八部"国法"

法律法规名称	内容说明
《中华人民共和国会计法》	简称《会计法》，是为规范会计行为，保证会计资料的真实性、完整性，加强经济管理、财务管理，提高经济效益，维护经济秩序而制定的法律

（续上表）

法律法规名称	内容说明
《中华人民共和国票据法》	简称《票据法》，是为规范票据（汇票、本票、支票等）行为、保护票据关系、保障当事人合法权益、维护社会经济秩序、促进经济发展而制定的法律
《中华人民共和国现金管理暂行条例》	简称《现金管理暂行条例》，是为改善现金管理、促进商品生产和流通、加强对社会经济活动的监督而制定的具体规定
《支付结算办法》	是对单位、个人在社会经济活动中使用票据、信用卡和汇兑、托收承付、委托收款等结算方式进行货币给付及资金清算行为作出的规范
《企业会计制度》	是为保证企业会计核算的真实性、完整性，对企业会计核算提供信息的质量要求作出的规范
《会计基础工作规范》	是为加强会计基础工作、建立会计工作秩序、提高会计工作水平作出的规范
《会计档案管理办法》	是为加强会计档案管理、统一会计档案管理制度制定的规范
《中华人民共和国税收征收管理法》	简称《税收征收管理法》，是为加强税收征收管理、规范税收征收和缴纳行为、保障国家税收收入、保护纳税人的合法权益、促进经济和社会发展而制定的法律

（三）单位"家规"

出纳是所在单位中的一员，单位作为一个组织集体，对各项工作的运作都有一些流程、限制或操作上的规定，而这些规定通常会以文件的形式出现，以规章制度的形式传达给各个员工，这些规章制度也就是单位的"家规"。

出纳开展业务工作不能仅凭自己的专业知识任意发挥，还应以单位的各项规章制度为依据。不同的单位在制定单位规章制度时出于不同的考虑，侧重点可能会有所不同，但一般而言，各单位都会对财务工作的规范制定一个财务管理制度，即出纳人员从事业务工作的基本规范。

各单位的财务管理制度通常应该包括六个方面的内容，各项具体内容如表1-6所示。

表1-6 单位财务管理制度的内容

制度项目	具体规范内容
会计核算制度	1. 会计核算的基本规定； 2. 主要会计政策； 3. 会计科目名称和编号； 4. 会计科目使用说明； 5. 会计报表种类及其格式； 6. 会计报表编制说明等
财务管理制度	1. 企业内部财务管理体制； 2. 货币资金管理； 3. 往来结算管理； 4. 存货管理； 5. 在建工程管理； 6. 固定资产管理； 7. 无形资产管理； 8. 投资管理； 9. 其他资产管理； 10. 销售收入管理； 11. 成本费用管理； 12. 盈利及分配管理； 13. 财务会计报告与财务评价管理等
综合性管理制度	1. 账务处理程序制度； 2. 财务预算管理制度； 3. 会计稽核制度； 4. 内部牵制制度； 5. 财产清查制度； 6. 财务分析制度； 7. 会计档案管理办法； 8. 会计电算化管理办法等
财务收支审批报告制度	1. 财务收支审批管理办法； 2. 重大资本性支出审批与授权审批制度； 3. 重大费用支出审批与授权审批制度； 4. 财务重大事项报告制度等

（续上表）

制度项目	具体规范内容
财务机构与人员管理制度	1. 财务管理分级负责制； 2. 会计核算组织形式； 3. 会计人员岗位责任制； 4. 内部会计人员管理办法； 5. 对违反财经纪律及企业财会规章制度事项的处罚规定等
成本费用管理制度	1. 费用报销管理办法； 2. 成本核算办法； 3. 成本计划管理办法； 4. 成本控制管理办法； 5. 成本分析管理办法； 6. 成本费用考核管理办法等

二 安全意识——账、财保护要周全

出纳人员身负重任，管理着企业的重要财产，而财务信息又是企业的重要机密，所以作为企业资金收付和保管的重要责任人，出纳人员的岗位非常特殊，安全意识是出纳应当具备的基本职业素质。

（一）保管公司数据资料

1. 出纳因为工作内容的原因，能够详细了解到企业的资金信息，如果出纳将这些信息透露给其他人，小则自己饭碗不保，大则可能导致公司破产。所以，出纳人员应该严守公司的数据资料。为了保护公司的数据安全，出纳要提高安全意识，在平时工作中要做好保密工作，不能随意透露企业机密。

2. 出纳为了维护公司的数据安全，要谨记"五字方针"——"谁问都不说"，这看起来似乎有些刻板，但却实实在在地归纳了出纳应具有的安全意识。"谁问都不说"可以这样理解：除业务接口的财务人员（如接口会计）、直接上级、本企业最高领导、主管财务工作的领导和按规定有权了解相关信息的人员外，任何人询问企业的资金秘密，出纳都不应该透露。

3. 对于企业上级或关系不错的同事、朋友或亲戚询问公司财务上的事，一些出纳人员可能会碍于情面认为不好意思不说，但这其实是出纳将责任都归咎到了自己身上。如果这些人真的和自己关系不错，那么就应该跟对方讲清楚，财务事关公司机密，不好透露，希望对方理解。一般情况下大家也都是通情达理的，也会配合不问。如果存在追问不休的情况，应在说明理由后拒绝回答。所以，出纳在遇到这些情况时也不要觉得不好意思不说，觉得不说他人会责怪，说不定在你拒绝透露后，对方还会夸你做人有原则、做事负责呢！

学堂点睛

职场有职场的规矩，出纳不应该将职场与生活混为一谈。作为职场人，出纳人员应当确立"泄露财务信息是大忌"的观念，对于自己知悉的公司内部机密，无论何时、有何人询问，都应当严格保守秘密，更不能为了自己的私利向外界提供。

（二）保障公司资金安全

出纳工作的根本任务是资金的收付存，在安全意识方面，最重要的也是保证资金的安全。为了提高资金的安全程度，出纳对于资金的管理应做好"三项保证"。

1. 保证点清

生活中，我们去银行柜台存钱或者取钱，银行工作人员都会当着我们的面对现金进行清点、核对，以此保证现金数目的准确性。出纳也应如此，在日常工作中付款或收款，也应该仔细地反复清点，以保证清点的金额数目准确无误，并与交出人或接收人确认后再办理交接手续，这样才能从根本上保证资金的收付安全。

2. 保证存放

关于安全意识的培养，出纳还应当养成随时锁存的习惯，即收到款项时要及时存入保险柜或银行；临时离开办公座位时，要谨记随手上锁、存好未归档文件，并设置好办公电脑的锁屏密码，这样可以有效避免损失的发生。

3. 保证带好

出纳常常往返于银行和工作单位之间，在途中可能会携带金额巨大的现金、支票或银行空白凭证，因此更应该注意可能出现的隐患。以下防丢防盗的经验是资深出纳根据亲身经历总结出来的，值得读者借鉴。

学堂点**睛**

资深出纳根据亲身经历总结的五项"防丢防盗"措施：

1．不将携带的现金或者支票暴露在外，重要资料也应使用不透明包装物进行包装；

2．包装现金或支票的包袋要牢固，切忌使用容易散开或打开的包袋；

3．贵重物品能放在身前绝不放在身后，要保证始终不离开自己的视线；

4．径直前往目的地，尽量不在途中做过多的停留；

5．不将重要事情委托他人代办，如果当日确实不能处理，可向领导申请，经批准后择日尽快解决。

三　凭据意识——现金收支留下证据

虽然出纳掌管着企业的钱财，但他不能任意支配、使用资金，任意一笔收支都应遵从企业的规定和一定的程序才能够实施。出纳就好比"账房总管"，只是保管手里的账房钥匙。出纳经手的任何一笔收支都应当有凭有据，不然就会"吃不了兜着走"，因此出纳工作一定要留下证据。

（一）出纳不是有求必应

出纳为企业保管着一把非常重要的"钥匙"。何为"钥匙"？从大的方面理解，可以是企业执行收支的依据、制度；从小的方面理解，这个"钥匙"就是具体的"保险柜钥匙""支票的密码生成器""支付密码"等。

出纳虽然属于企业的基层工作人员，但并不是谁的指令都需要执行。将要发生的任何一笔开支，都需要按流程进行；已经发生的任何一笔开支，都要获得证明该项业务确实发生的凭证。出纳应该明确自身的职责，不要因为钱在自己手中而自作主张动用资金，要严格遵守规章制度，履行收支审批程序，始终保持凭据意识。

在工作过程中，出纳要注意避免好心做坏事。例如业务人员预支费用，有时可能由于时间紧急不能及时办理审批手续，但是此时又急需资金，为了不耽误工作，出纳可能就会出于好心预先支付款项，再让业务人员事后补足凭证。这样的情况实际存在着很大的安全隐患，如果相关业务人员不可靠，或者无故离职，那么这笔预支款项就只能由出纳自行承担。

（二）出纳到底听谁的？

在一个企业中，其组织关系可能十分复杂，一个员工的领导可能多达数十名，而出纳作为一名普通员工，如果这些领导同时让出纳做事，那么他到底应该听谁的呢？

上面这个问题属于新手出纳提问频率比较高的问题之一。一个有效的财务管理制度或资金使用制度，通常会对具有审批权限的岗位或者具体的人员安排作出明确的规定，出纳只要认真执行这些规定，一般就能解决上述问题。但是，若遇到制度不能解决的问题时，那又应该怎么办呢？

在实际工作中，解决上述问题的办法之一就是"只听直接上级的"，即：除非直接上级对其他人员的安排表示同意，否则无论其他下达指令的人员职位有多高，出纳都不应该听从。这主要是由出纳工作的特殊性决定的，出纳发生收支行为的主要依据就是凭据，而直接上级的指示也属于一种"当然凭据"，所以这样做不仅符合统一指挥的要求，也遵循了出纳工作的凭据意识。

例1-1 小周是一家小型商贸公司的出纳。一天，李总需要使用现金，让他去银行提现；宋副总又让他把昨天的招待费报销了；过了一会儿，王主管又让他预支一些现金买办公用品；前面几件事还没处理好，刘经理又让他开张支票。小周心想："我这一时半会儿的也抽不出时间来同时做这些事，这么多的安排，到底应该听谁的啊？"

学堂点拨

小周遭遇的难题就是多头领导造成的。一边是老板，一边是副总；一会儿是经理，一会儿又是主管，全部都是自己的领导。虽然这些事情都属于小周的工作范畴，但是也要有轻重缓急之分，不能按照"谁官大听谁的"来处理。

针对上面这种情况，小周应该首先向这些领导说明，按照公司制度应该需要哪些凭据，然后再按照凭据进行处理。李总让他提取现金，如果公司规定了提现需要填写提现申请单，那么小周就应向李总说明需要填写一张提取现金申请单，然后按照现金申请单的内容办理提现；宋副总要报销招待费，那么小周应向宋副总说明按照公司流程需要先填写一张费用报销单，然后经总经理签字后才能报销；王主管要预支现金，需要填写现金预支申请单；对于刘经理要求开具支票，应先按照公司支票开具要求填写相关的申请。

　　经过上述处理后，出纳小周才能有条不紊地完成各项工作，否则，如果没有相关凭据，就很容易造成漏记某项业务，最后导致对不上账。

（三）执行指令凭什么？

　　出纳在明确了到底听从谁的指令后，还是需要按照凭据来执行。无论办理哪种资金收付或资金变动业务，出纳都要坚持按照财务制度和收付审批程序规定的书面证据来执行的原则。

学堂点睛

　　在实际执行上级指令时，出纳常常会遇到上级口头通知的情况。在这种情况下，出纳需要及时办理书面手续，以防止事后纠纷的产生。

四　沟通与协调意识——主动沟通与协调

　　处在一个社会环境中，每个人都不可避免地要与其他人产生联系，然而出纳由于工作的特殊性，更是少不了与上级、同事、其他部门人员进行沟通和接触。有的人可能会觉得同级、同辈之间的交流还好，但一提到与上级交流，就会感到不自在。即便如此，出纳人员更应该摆正心态，明确自己的工作性质和内容，培养自身的沟通和协调意识，积极地与上级、同事交流，这样做起事来也会轻松很多。

（一）善于和上级打好关系

　　由于出纳掌管着企业的资金，这就决定了其随时都可能会与上级交流。如果作为出纳还不情愿与上级交流，那就需要调整自己的心态了，要做好随时与上级当面或者非当面联系的准备。

　　1. 准确回答

　　出纳与上级打好关系，并不是要趋炎附势地去巴结上级，而是要处理好出纳与上级之间的工作关系。出纳与上级间交流的内容主要是企业的资金，上级问得最多的问题就是："账上还有多少钱？"作为出纳，回答这个问题可不仅仅是回答一个数据，还要把企业可能归还的贷款、已经发生但还未支付的费用考虑在内，这样上级才会觉得获得的答案是有效的。因此对于"账上还有多少钱？"这个问题，可以从两方面来回答：一是账面实际余额，即该数据是现金实有余额和银行存款实有余额的合计数；二是实际可支配余额，即该数据是扣减已经知道或预计会支付某些款项后，企业实际可动用的金额。

例1-2 某公司老板考虑到公司长远的发展，计划采购一批设备，于是询问出纳小周公司账上还有多少钱。小周数了数现金共21 996.5元，将零头去掉后回答："21 990元。"老板听了后立即变了脸色，说道："我们公司的存款就这么点了？去年借的贷款这个月底就到期了，上个月的工资还没发吧？这样计算下来，公司已经负债累累了。"对于出纳小周的回答，你觉得有什么地方是需要改进的呢？

学堂点拨

小周的回答属于典型的"没有思考，张口就来"，也反映小周对出纳业务不够熟练，尚未完全掌握出纳技能。作为一个专业的出纳，当老板询问账上还有多少钱时，应该按照前面归纳的两方面回答。同时，对于公司的账面实际金额，不应当自以为是地去零凑整。所以，小周应该按照下面这个方法来回答。

（1）现金剩余21 996.5元，银行存款剩余2 199 811.9元，公司账面金额总计2 221 808.4元。

（2）有一笔月底到期的贷款需要支付，本金加利息总计131 451.2元，还有上月工资150 142.59元将在明天划账，公司实际可动用的金额是1 940 214.61元。

按照上述方法回答，既表达了账面金额，又能让老板了解了公司实际可以动用的金额，这样就可以让老板清楚公司的资金情况，安排进一步的计划。同时，这也可以体现自身的专业性，给上级留下比较好的印象。

2. 随时能够联系上

出纳工作有一个显著的特点就是，老板随时都可能找你，只要业务需要，或是要钱紧急，出纳就得随传随到。说到这里，有的人可能就会想：那我不是得24小时、无论过节休假还是吃饭睡觉都要随时候命？其实，这是一种比较极端的说法。在现实中，出纳的很多业务基本都是在正常工作时间里完成的，老板要求在特定时间内告知企业资金安排使用状况的情形是极少出现的，所以出纳也不必太过紧张。但为了保证所负责的工作处理顺畅，出纳还是应该给上级提供一个随时都能联络到自己的联络方式，以及必要时能够协助他人找到自己的联络方式。

学堂点睛

在工作中，以下几点经验可以保证上级能够随时联系到出纳人员。

1．无论是在上班途中，还是在下班、休息、休假时间，出纳应时常检查其通信工具是否能正常通话，保证直接上级能够联系到自己。

2．如果有忘记携带手机、手机忘记充电、手机卡余额不足或手机丢失等突发状况，出纳需要立即告知直接上级，并告知新的、可用的联系方式。

3．出纳离开工作岗位或需要休息、休假时，需提前向直接上级报告，让其知道自己的时间安排，为其他人员的接任工作做好准备。

4．准备休假前，出纳应做好各项交接手续，尽量在交接时处理好各项事务，以免在休假期间造成不必要的干扰。

（二）同事间的业务沟通要顺畅

出纳除了要常常与上级保持沟通外，还需要时常与同事进行业务交流。出纳与同事间的业务交流内容主要也是资金支付问题，所以出纳在为同事处理相关业务时，同样需要保持应有的谨慎。

出纳为同事办理预支、报销、转账等业务时，一定要让对方了解公司的制度规定或程序安排，不能让对方觉得出纳是按人情办事，关系亲近的就优先处理，关系一般的就推后处理。所以，出纳与同事之间的沟通一定要顺畅，不要因为一些不必要的误会而使工作难以开展。无论对谁都一视同仁，这是处理同事间工作交流的基本原则，也是避免工作冲突的有效手段。

出纳必备的会计基础知识

第二章

第一节 会计的概念、会计对象和职能

微信扫一扫
免费看课程

一 会计的概念

会计是以货币为主要计量单位，运用专门的方法，核算和监督一个单位经济活动的一种经济管理工作。单位是国家机关、社会团体、公司、企业、事业单位和其他组织的统称。现如今，会计已经成为现代企业的一项重要的管理工作。企业的会计工作主要是通过一系列会计程序，对企业的经济活动和财务收支进行核算和监督，反映企业财务状况、经营成果和现金流量，反映企业管理层受托责任履行情况，为会计信息使用者提供决策和有用的信息，并积极参与经营管理决策，提高企业经济效益，促进市场经济的健康有序发展。

会计核算基础包括权责发生制与收付实现制。

权责发生制是指凡是当期已经发生的收入和费用，无论款项是否收付，都应计入当期的收入和费用；凡是不属于当期的收入和费用，即便款项在当期收付，也不能计入当期的收入和费用。

收付实现制是指以收到或者支付的现金作为确认收入和费用的标准。

二 会计对象

会计的对象是指会计核算和监督的内容。凡是特定单位能够以货币表现的

经济运动都是会计的对象，企业会计的对象就是企业的资金运动。

对于工业企业而言，资金指的是企业所拥有的各项财产物资的货币表现。在生产经营过程中，资金的存在形态不断地发生变化，构成了企业的资金运动，表现为资金投入、资金运用（也称为资金的循环与周转）和资金退出三个过程，既有一定时期内的显著运动状态（表现为收入、费用、利润等），又有一定日期的相对静止状态（表现为资产与负债及所有者权益的恒等关系）。

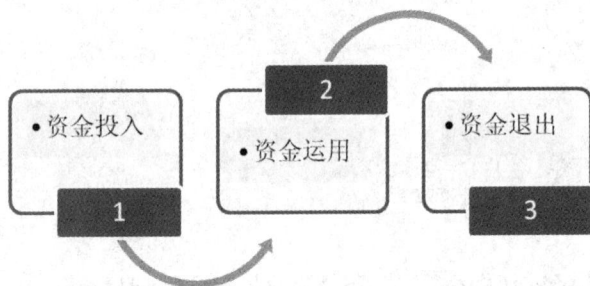

图2-1　企业资金运动的三个过程

资金的投入指的是资金的取得，是资金运动的起点。投入企业的资金包括投资者投入的资金和债权人投入的资金，前者形成企业的所有者权益，后者属于债权人权益（形成企业的负债）。投入企业的资金在形成企业的所有者权益和负债的同时形成企业的资产，一部分形成流动资产，另一部分形成非流动资产。

资金的循环与周转（资金运用）是资金运动的主要组成部分。企业将资金运用于生产经营过程中就形成了资金的循环与周转，可分为供应过程、生产过程、销售过程三个阶段。

供应过程是生产的准备过程。在供应过程中，随着采购活动的进行，企业的资金从货币资金形态转化为储备资金形态。

生产过程既是产品的制造过程，又是资产的耗费过程。在生产过程中，产品完工之前，企业的资金从储备资金形态转化为生产资金形态；而产品完工后，则又由生产资金形态转化为成品资金形态。

销售过程是产品价值的实现过程。在销售过程中，企业销售产品取得收入，企业的资金从成品资金形态又转化为货币资金形态。

由此可见，随着生产经营活动的进行，企业的资金从货币资金形态开始，依次经过供应过程、生产过程和销售过程三个阶段，分别表现为储备资金、生产资金、成品资金等不同的存在形态，最后又回到货币资金形态，这种运动过程称为资金的循环。资金周而复始地不断循环，称为资金的周转。

资金的退出指的是资金离开本企业，退出资金的循环与周转，主要包括偿还各项债务、上交各项税金以及向所有者分配利润等。

上述资金运动的三部分内容是相互支撑、相互制约的统一体，具体而言是指：没有资金的投入，就不会有资金的循环与周转；没有资金的循环与周转，就不会有债务的偿还、税金的上交和利润的分配等；没有这类资金的退出，就不会有新一轮资金的投入，也就不会有企业进一步的发展。

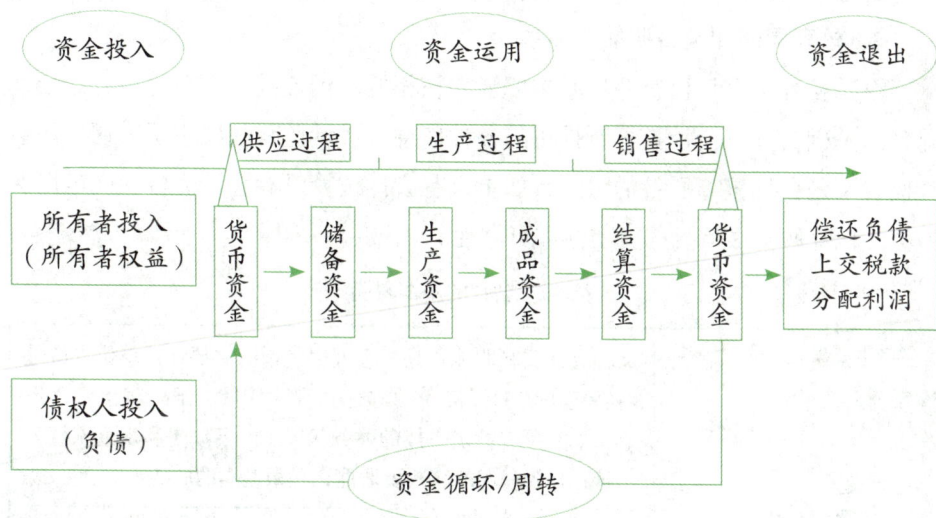

图2-2　工业企业资金运动

三　会计的职能

会计的职能是指会计在经济管理过程中所具有的功能，有会计核算和会计监督两项基本职能，以及预测经济前景、参与经济决策、评价经营业绩等拓展职能。

（一）基本职能

1. 会计核算职能，又称会计反映职能，是指会计以货币为主要计量单位，对特定主体的经济活动进行确认、计量和报告。

2. 会计监督职能，又称会计控制职能，是指对特定主体经济活动和相关会计核算的真实性、合法性和合理性进行审查。会计监督是一个过程，它分为事前监督、事中监督和事后监督。

（1）事前会计监督：是对未来经济活动的合法性、合理性和可行性进行审查。

（2）事中会计监督：是对正在发生的经济活动过程和取得的会计核算资料进行审查、分析，并据以纠错纠偏，控制经济活动按预定目的和要求进行。

（3）事后会计监督：是对已经发生的经济活动的合法性、合理性和效益性进行考核和评价。

3. 核算职能和监督职能的关系

会计核算与会计监督两项基本职能相辅相成、辩证统一。会计核算是会计监督的基础，没有会计核算所提供的各种信息，会计监督就失去了依据；而会计监督又是会计核算质量的保障，如果只有会计核算没有会计监督，就难以保证会计核算所提供信息的真实性和可靠性。

表2-1　会计的基本职能

会计核算 （反映）	概念	又称会计反映职能，是指会计以货币为主要计量单位，通过对特定主体的经济活动进行确认、计量、记录和报告等环节，如实反映特定主体的财务状况、经营成果和现金流量等信息，是第一职能、首要职能，是最基本的职能
	四个环节	确认（定性）、计量（定量）、记录（记载的过程）、报告（结果）
	三项工作	记账、算账、报账
会计监督 （控制）	概念	又称会计控制职能，是指会计核算过程中，对经济业务活动的合法性、真实性、合理性进行审查
	全面监督	事前监督、事中监督、事后监督
	监督体系	三位一体：单位内部监督、社会监督、国家监督
两者关系	相辅相成、缺一不可，核算是监督的前提，监督是核算的保证	

（二）拓展职能

会计的拓展职能主要有预测经济前景、参与经济决策、评价经营业绩等。

第二节 会计要素与会计等式

微信扫一扫
免费看课程

一 会计要素

会计要素是根据交易或者事项的经济特征所确定的财务会计对象和基本分类。会计要素包括资产、负债、所有者权益（资产负债表的基本要素，表现为资金运动的静止状态，反映企业的财务状况）、收入、费用和利润（利润表的基本要素，表现为资金运动的变动状态，反映企业的经营成果）。

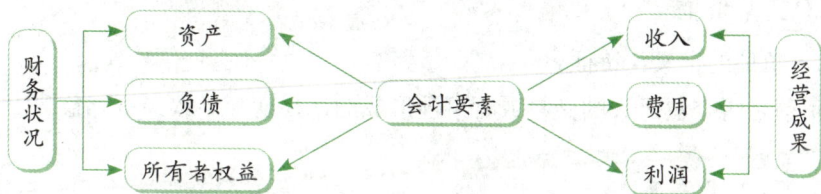

图2-3 会计要素

财务状况是指企业在一定时期内的资产及权益情况。经营成果是企业在一定时期内从事生产经营活动所取得的最终成果，是资金运动变动状态的主要体现。

（一）资产

1. 资产的含义与特征

资产是指企业过去的交易或者事项形成的、由企业拥有或者控制的、预期会给企业带来经济利益的资源。

资产的三个特征：

（1）资产应为企业拥有或者控制的资源（拥有＝所有权；控制＝控制权）。

（2）资产预期会给企业带来经济利益。

（3）资产是由企业过去的交易或者事项形成的。

将一项资源确认为资产，需符合资产的定义，并且还应同时符合两个条件：一是与该资源有关的经济利益很可能流入企业；二是该资源的成本或价值能可靠计量。

学堂点睛

预期在未来发生的交易或者事项不形成资产。

2. 资产的分类

企业的资产按其变现或耗用时间的长短，划分为流动资产和非流动资产。

通常在一年或超过一年的一个营业周期内变现或耗用的资产是流动资产，如库存现金、银行存款、交易性金融资产、应收账款、存货等。而非流动资产，即不符合流动资产定义的资产，主要包括长期股权投资、固定资产以及无形资产等。

（二）负债

1. 负债的定义与特征

负债是指企业过去的交易或者事项形成的，预期会导致经济利益流出企业的现时义务。

负债的三个特征：

（1）负债是企业承担的现时义务（不是潜在义务）。

（2）负债预期会导致经济利益流出企业。

（3）负债是由企业过去的交易或者事项形成的。

将一项现时义务确认为负债，需符合负债的定义，并且还应同时符合两个条件：一是与该义务有关的经济利益很可能流出企业；二是未来流出的经济利益的金额能够可靠计量。

2. 负债的分类

负债按流动性不同，分为流动负债和非流动负债。

（1）流动负债

流动负债是指预计在一年以内或超过一年的一个营业周期内偿还的债务，主要包括短期借款、应付票据、应付账款、预收款项、应付职工薪酬、应交税费、应付利息、应付股利、其他应付款等。

（2）非流动负债

非流动负债是指偿还期在一年以上的债务，主要包括长期借款、应付债券等。

（三）所有者权益

1. 所有者权益的定义与特征

所有者权益是指企业资产扣除负债后由所有者享有的剩余权益。所有者权益是所有者对企业资产的剩余索取权，它是企业的资产扣除债权人权益后应由所有者享有的部分，既可反映所有者投入资本的保值增值情况，又体现了保护债权人权益的理念。

所有者权益的三个特征：

（1）除非发生减资、清算或分派现金股利，企业不需要偿还所有者权益。

（2）企业清算时，只有在清偿所有的负债后，所有者权益才返还给所有者。

（3）所有者凭借所有者权益能够参与企业利润的分配。

2. 所有者权益的分类

所有者权益形成的来源包括以下三个方面。

（1）所有者投入的资本：所有者投入企业的资本部分，包括构成注册资本或股本的金额和超过注册资本或股本的金额。

（2）其他综合收益：指企业根据会计准则规定未在当期损益中确认的各项利得和损失。

（3）留存收益：指企业从历年实现的利润中提取或形成的留存于企业的内部积累。

（四）收入

1. 收入的定义与特征

收入是指企业在日常活动中形成的、会导致所有者权益增加的、与所有者投入资本无关的经济利益的总流入。

收入的三个特征：

（1）收入是企业在日常活动中形成的。

（2）收入是与所有者投入资本无关的经济利益的总流入。

（3）收入会导致所有者权益的增加。

2. 收入的分类

2017年修订印发的《企业会计准则第14号——收入》（财会〔2017〕22号）适用于所有与客户之间的合同，但下列各项除外：长期股权投资、金融工具确认和计量、金融资产转移、套期会计、合并财务报表、合营安排、租赁、保险合同。

（五）费用

1. 费用的定义及特征

费用是指企业在日常活动中发生的、会导致所有者权益减少的、与向所有者分配利润无关的经济利益的总流出。

费用的三个特征：

（1）费用是企业在日常活动中发生的。

（2）费用是与向所有者分配利润无关的经济利益的总流出。

（3）费用会导致所有者权益的减少。

2. 费用的分类

费用主要包括营业成本、税金及附加、期间费用和资产减值损失等。

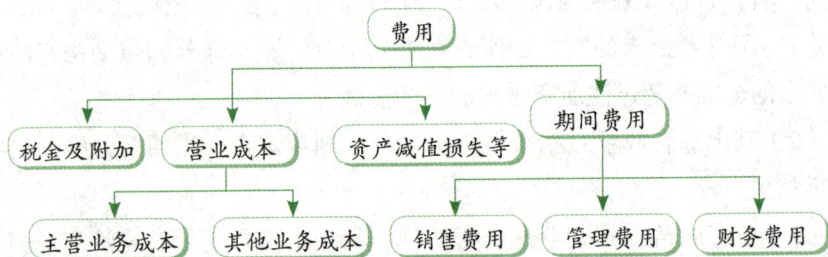

图2-4　费用的分类

期间费用是指与生产产品无直接关系的、企业本期发生的、不能直接或间接归入产品生产成本，而应直接计入当期损益的各项费用，包括管理费用、销售费用和财务费用。

（六）利润

1. 利润的定义及特征

利润是指企业在一定会计期间的经营成果。通常情况下，如果企业实现了利润，表明企业的所有者权益将增加；反之，如果企业发生了亏损（即利润为负数），表明企业的所有者权益将减少。

2. 利润的分类

利润包括收入减去费用后的净额、直接计入当期损益的利得（营业外收入）和损失（营业外支出）等。其中，收入减去费用后的净额反映企业日常活动的经营业绩；直接计入当期损益的利得和损失，是指应当计入当期损益、会导致所有者权益发生增减变动的、与所有者投入资本或者向所有者分配利润无关的利得或者损失。

图2-5　利润的分类

利得与损失的概念：

（1）利得，是指由企业非日常经营活动所形成的、会导致所有者权益增加的、与所有者投入资本无关的经济利益的流入。

（2）损失，是指由企业非日常经营活动所发生的、会导致所有者权益减少的、与所有者分配利润无关的经济利益的流出。

企业的利润一般包括营业利润、利润总额和净利润。

（1）营业利润

营业利润＝营业收入－营业成本－税金及附加－期间费用－信用减值损失－资产减值损失＋公允价值变动收益（或减损失）＋投资收益（或减损失）＋其他收益＋资产处置收益（或减损失）

（2）利润总额

利润总额＝营业利润＋营业外收入－营业外支出

（3）净利润

净利润＝利润总额－所得税费用

二　会计等式

会计等式，又称会计恒等式、会计方程式或会计平衡公式，是表明各会计要素之间基本关系的等式。

（一）会计等式的表现形式

1. 财务状况等式

财务状况等式，亦称基本会计等式或静态会计等式，是用以反映企业某一特定时点资产、负债和所有者权益三者之间平衡关系的会计等式。

即：资产＝负债＋所有者权益

　　资产＝权益（债权人权益＋所有者权益）

这一等式是复式记账法的理论基础，也是编制资产负债表的依据。

2. 经营成果等式

经营成果等式，亦称动态会计等式，是用以反映企业一定时期收入、费用和利润之间恒等关系的会计等式。

即：收入－费用＝利润

这一等式反映了利润的实现过程，是编制利润表的依据。

3. 财务状况与经营成果相结合的等式

资产＝负债＋所有者权益＋（收入－费用）＝负债＋所有者权益＋利润

（二）交易或事项对会计等式的影响

企业发生的交易或事项按其对财务状况等式的影响不同可以分为九种基本类型，具体分类如表2-2所示。

表2-2　会计等式变动速记表

交易或事项	影响
1. 一项资产增加、另一项资产等额减少的经济业务； 2. 一项资产增加、一项负债等额增加的经济业务； 3. 一项资产增加、一项所有者权益等额增加的经济业务； 4. 一项资产减少、一项负债等额减少的经济业务； 5. 一项资产减少、一项所有者权益等额减少的经济业务； 6. 一项负债增加、另一项负债等额减少的经济业务； 7. 一项负债增加、一项所有者权益等额减少的经济业务； 8. 一项所有者权益增加、一项负债等额减少的经济业务； 9. 一项所有者权益增加、另一项所有者权益等额减少的经济业务	九类基本经济业务的发生均不影响财务状况等式的平衡关系，具体分为三种情形：基本经济业务1、6、7、8、9使财务状况等式左右两边的金额保持不变；基本经济业务2、3使财务状况等式左右两边的金额等额增加；基本经济业务4、5使财务状况等式左右两边的金额等额减少

例如：

（1）甲公司收到所有者追加的投资款100 000元，款项存入银行。

银行存款增加100 000元，所有者权益增加100 000元，等式左右两边的金额等额增加，未改变等式的平衡关系。

（2）甲公司用银行存款20 000元购入一批原材料。

存货增加20 000元，银行存款减少20 000元，这属于资产内部的一增一减，等式保持平衡。

（3）甲公司用银行存款归还所欠乙公司的货款20 000元。

银行存款减少20 000元，应付账款减少20 000元，等式左右两边的金额等额减少，等式保持平衡。

（4）甲公司经批准同意以资本公积20 000 000元转增资本。

资本公积减少20 000 000元，实收资本增加20 000 000元，这属于所有者权益内部的一增一减，等式保持平衡。

第三节 会计科目与会计账户

微信扫一扫
免费看课程

一 会计科目

（一）定义

会计科目，简称科目，是指对会计要素的具体内容进行分类核算的项目，是进行会计核算和提供会计信息的基础。

学堂点睛

会计要素是对会计对象的基本分类，资产、负债、所有者权益、收入、费用和利润这六个会计要素也是会计核算和监督的内容。由于这六个会计要素对于纷繁复杂的企业经济业务的反映又显得过于粗略，因此为了满足经营管理及有关各方对会计信息的质量要求，必须对会计要素进行细化，即采用一定的形式对每个会计要素所反映的具体内容进一步进行分门别类的划分，设置会计科目。

（二）会计科目的分类

1. 会计科目按其所提供信息的详细程度及其统驭关系不同，分为总分类科目和明细分类科目，如图2-6所示。

（1）总分类科目又称为总账科目或一级科目，是对会计要素具体内容进行总括分类、提供总括信息的会计科目，如"应收账款""应付账款""原材料"等。

（2）明细分类科目又称为明细科目，是对总分类科目作进一步分类，提供更详细、更具体的会计信息的科目。

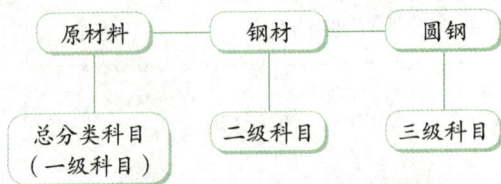

图2-6　会计科目设置

2. 会计科目按其反映的经济内容不同，分为资产类科目、负债类科目、共同类科目、所有者权益类科目、成本类科目和损益类科目六大类，如图2-7所示。每一类会计科目还可按一定标准再分为若干具体科目。

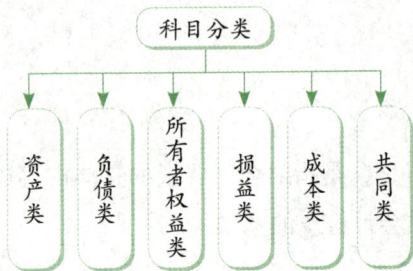

图2-7　会计科目分类

（1）资产类科目，是对资产要素的具体内容进行分类核算的会计科目。按资产的流动性分为流动资产类科目（包括库存现金、银行存款、应收账款、原材料等科目）和非流动资产类科目（包括长期应收款、固定资产、在建工程、无形资产等科目）。

（2）负债类科目，是对负债要素的具体内容进行分类核算的项目。按负债的偿还期限长短分为流动负债科目（包括短期借款、应付账款、应付职工薪酬等科目）和非流动负债科目（包括长期借款、应付债券、长期应付款等）。

（3）共同类科目，是既有资产性质又有负债性质的科目，主要包括清算资金往来、货币兑换、衍生工具、套期工具、被套期项目等科目。

（4）所有者权益类科目，是对所有者权益要素的具体内容进行分类核算的项目，主要包括实收资本（或股本）、资本公积、盈余公积、本年利润、利润分配等科目。

（5）成本类科目，是对可归属于产品生产成本、劳务成本等的具体内容进行分类核算的会计科目，主要包括生产成本、制造费用、劳务成本等科目。

（6）损益类科目，是对收入、费用等要素的具体内容进行分类核算的会计科目。其中反映收入的科目主要有主营业务收入、其他业务收入等科目；反映费用的科目主要有主营业务成本、其他业务成本、销售费用、管理费用、财务费用等。

二　会计账户

（一）定义

会计账户是根据会计科目设置的、具有一定格式和结构的、用于分类反映会计要素增减变动及其结果的载体。

（二）会计账户的分类

账户的分类与会计科目的分类一致，如图2-8所示。

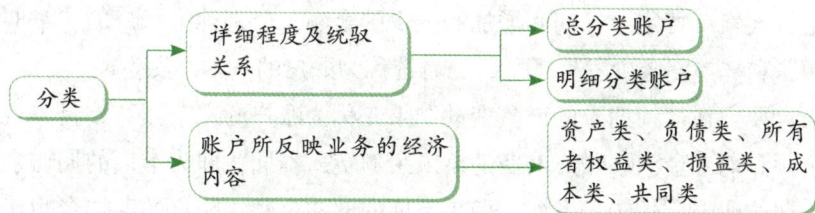

图2-8　会计账户的分类

1. 按照其所反映会计要素具体内容的详细程度及其统驭关系，账户分为总分类账户和明细分类账户。

总分类账户是指根据总分类科目设置的，用于对会计要素具体内容进行总括分类核算的账户，简称总账账户或总账。明细分类账户是根据明细分类科目设置的，用于对会计要素具体内容进行明细分类核算的账户，简称明细账。

2. 根据所反映的经济内容，账户分为资产类账户、负债类账户、共同类账户、所有者权益类账户、成本类账户、损益类账户六类。

（1）资产类账户分为流动资产和非流动资产。其中，流动资产又分为现金及各种存款、短期投资、应收账款、原材料和库存商品等；非流动资产包括固定资产、无形资产、长期股权投资等。

（2）负债类账户分为流动负债和非流动负债。其中，流动负债包括短期借款、应付账款、应付职工薪酬、应交税费、应付股利以及应付利息等；非流动负债包括长期借款、应付债券、长期应付款等。

（3）共同类账户，主要包括清算资金往来、货币兑换、套期工具、被套期项目等。

（4）所有者权益类账户包括实收资本、资本公积、盈余公积、本年利润、利润分配等。

（5）损益类账户包括主营业务收入、主营业务成本、其他业务收入、其他业务成本、税金及附加、销售费用、管理费用、财务费用等。

（6）成本类账户包括生产成本和制造费用等。

（三）账户的功能与结构

1. 账户功能

账户的功能在于连续、系统、完整地提供企业经济活动中各会计要素增减变动及其结果的具体信息。

会计要素在特定会计期间增加和减少的金额，分别称为账户的"本期增加发生额"和"本期减少发生额"，二者统称为账户的"本期发生额"。

会计要素在会计期末的增减变动结果，称为账户的"余额"，具体表现为期初余额和期末余额。账户上期的期末余额转入本期，即为本期的期初余额；账户本期的期末余额转入下期，即为下期的期初余额。账户的期初余额、期末余额、本期增加发生额和本期减少发生额，统称为账户的四个金额要素。同一账户中，它们的基本关系为：期末余额＝期初余额＋本期增加发生额－本期减少发生额。

2. 账户结构

账户结构由账户名称、日期、凭证字号、摘要和金额组成。具体参见表2-3所示。

表2-3 会计账户的结构

结构组成	说明
账户名称	即会计科目
日期	用以说明经济业务记录的日期
凭证字号	表明账户记录所依据的凭证
摘要	概括说明经济业务的内容
金额	增加额、减少额和余额

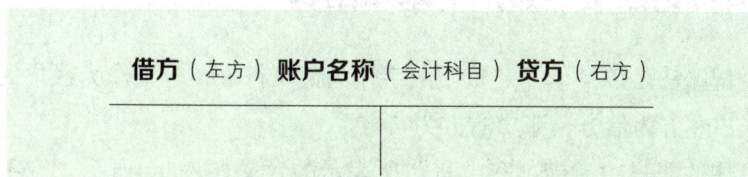

借方（左方）**账户名称**（会计科目）**贷方**（右方）

图2-9 T型账户

（四）账户与会计科目的关系

从理论上讲，会计科目与账户是两个不同的概念，二者既有联系，又有区别。

会计科目与账户都是对会计对象具体内容的分类，两者核算内容一致，性质相同。会计科目是账户的名称，也是设置账户的依据；账户是会计科目的具体运用，具有一定的结构和格式，并通过其结构反映某项经济内容的增减变动及其余额。

第四节 | 借贷记账法

微信扫一扫
免费看课程

一 借贷记账法的定义

借贷记账法是指以"借"和"贷"为记账符号的一种复式记账方法。复式记账法，是指对于每一笔经济业务，都必须用相等的金额在两个或两个以上相互联系的账户中进行登记，全面、系统地反映会计要素增减变化的一种记账方法。

这里的"借""贷"已失去其原有的含义，变成纯粹的记账符号。所有账户的借方和贷方按相反方向记录增加数和减少数，即一方登记增加额，另一方就登记减少额。至于"借"表示增加（或减少），还是"贷"表示增加（或减少），则取决于账户的性质与所记录经济内容的性质。

二 借贷记账法下账户的基本结构

借贷记账法是以"借""贷"两字作为记账符号，分别作为账户的左方和右方。账户左方为借方，账户右方为贷方。

在具体的账户中"借"和"贷"所表示的含义如表2-4所示，"＋"号表示登记增加数，"－"号表示登记减少数。

表2-4　借贷表示的增减含义

账户类别	借	贷
资产类账户	＋	－
成本类账户	＋	－
费用类账户	＋	－
负债类、所有者权益类备抵账户	＋	－
负债类账户	－	＋
所有者权益类账户	－	＋
收入类账户	－	＋
资产类备抵账户	－	＋

（一）资产类和成本类账户的结构

期末借方余额＝期初借方余额＋本期借方发生额－本期贷方发生额

期末余额一般在借方，有时可能无余额。资产类备抵账户的结构与所调整账户的结构正好相反。

借方	贷方
期初余额	
本期增加发生额	本期减少发生额
本期发生额合计	本期发生额合计
期末余额	

图2-10 资产类和成本类账户结构

例2-1 某企业的原材料账户期初余额为500 000元，本期购入200 000元，本期发出400 000元。请计算原材料账户的期末余额。

学堂点拨

原材料账户期末余额＝500 000＋200 000－400 000＝300 000（元）

（二）负债类和所有者权益类账户的结构

期末贷方余额＝期初贷方余额＋本期贷方发生额－本期借方发生额

期末余额一般在贷方，有时可能无余额。负债类和所有者权益类备抵账户的结构与所调整账户的结构正好相反。

借方	贷方
	期初余额
本期减少发生额	本期增加发生额
本期发生额合计	本期发生额合计
	期末余额

图2-11 负债类和所有者权益类账户结构

例2-2 某企业应交税费的期初余额为35 000元，本期贷方发生额为36 000元，本期借方发生额为28 000元。请计算应交税费账户的期末余额。

学堂点拨

应交税费账户期末余额＝35 000＋36 000－28 000＝43 000（元）

（三）损益类账户的结构

损益类账户主要包括收入类账户和费用类账户。

1. 收入类账户，本期收入净额在期末转入"本年利润"账户，用以计算当期损益，结转后无余额。

借方	贷方
本期减少或转销发生额	本期增加发生额
本期发生额合计	本期发生额合计
	（一般无期末余额）

图2-12 收入类账户结构

2. 费用类账户，本期费用净额在期末转入"本年利润"账户，用以计算当期损益，结转后无余额。

借方	贷方
本期增加发生额	本期减少或转销发生额
本期发生额合计	本期发生额合计

图2-13 费用类账户结构

例2-3 应付账款账户期初贷方余额为35 400元，本期贷方发生额为26 300元，本期借方发生额为17 900元。请计算应付账款账户的期末余额。

学堂点拨

"应付账款"属于负债类账户，负债类账户的期末余额一般在贷方，其余额计算公式为：期末贷方余额＝期初贷方余额＋本期贷方发生额－本期借方发生额。

应付账款账户期末贷方余额＝35 400＋26 300－17 900＝43 800（元）

三 借贷记账法的记账规则

借贷记账法的记账规则为"有借必有贷，借贷必相等"，即对于企业发生的每一笔经济业务，都要在两个或两个以上相互联系的账户中进行登记，而且借方和贷方的金额要相等。具体来说，就是对于每一项经济业务事项，如果在一个账户中登记了借方，必须同时在另一个或几个账户中登记贷方，或者在一个账户中登记了贷方，必须在另一个或几个账户中登记借方，而且登记在借方的金额合计数与贷方的金额合计数必须相等。

例2-4 大华公司购入原材料一批，价格50 000元，以银行存款支付30 000元，余款尚未支付，材料已验收入库。记录结果如图2-14所示：

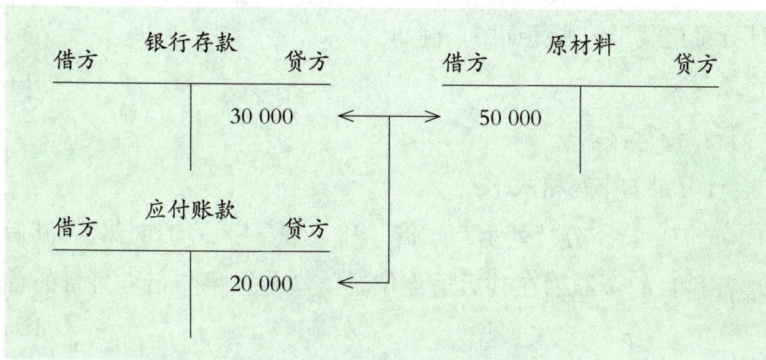

图2-14 大华公司购入原材料业务

例2-5 飞达公司收到某企业投入的资本，其中收到的50 000元已存入银行，另外30 000元是木材且已验收入库。记录结果如图2-15所示：

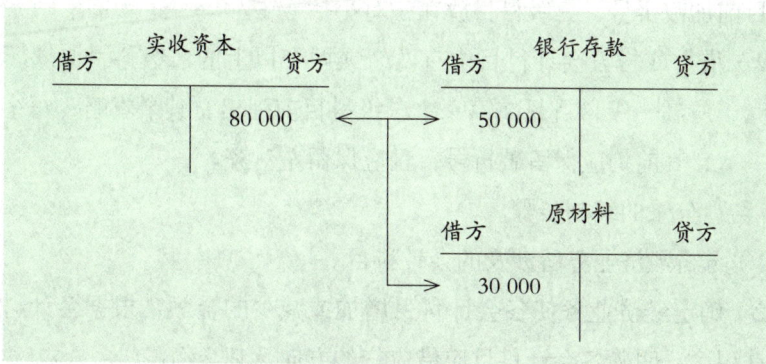

图2-15 飞达公司收到投资业务

四 借贷记账法下的账户对应关系与会计分录

（一）账户的对应关系

账户的对应关系是指采用借贷记账法对每笔交易或事项进行记录时，相关账户之间形成的应借、应贷的相互关系。存在对应关系的账户称为对应账户。

（二）会计分录

1. 会计分录含义

会计分录，简称分录，是对每项经济业务列示出应借、应贷的账户名称及其金额的一种记录。

会计分录由应借应贷方向、相互对应的科目及其金额三个要素构成。在我国，会计分录记载于记账凭证中。例如：

借：原材料　　　　　　　　　　　　　　　　　　　　　1 000

　　贷：银行存款　　　　　　　　　　　　　　　　　　　　1 000

2. 会计分录的书写格式

（1）先借后贷，分行列示，"借"和"贷"字后均加冒号，其后紧跟会计科目，各科目的金额列在其后适当位置。"贷"字与借方科目的首个文字对齐。

（2）在复合会计分录中，"借""贷"通常只列示在第一个借方科目和第一个贷方科目前。所有借方、贷方一级科目的首个文字要各自保持对齐。

（3）当分录中需要列示明细科目时，应按科目级次高低从左向右列示，二级科目前加破折号，三级科目放在一对小括号中。

（4）借方或贷方会计科目中有两个或两个以上的二级科目同属于一个一级科目时，所属一级科目只在第一个二级科目前列出，其余省略；每个二级科目各占一行，其前均应保留破折号，且应保留左对齐。

3. 会计分录的编制步骤

（1）分析经济业务所涉及的会计科目。

（2）确定经济业务使各会计科目增加或减少的金额，根据会计科目所属类别及其用途，明确各会计科目应借应贷的方向及其金额。

（3）按正确的格式编制会计分录，并检查是否符合记账规则。

4. 会计分录的分类

会计分录分为简单分录和复合分录两种。

简单分录，是指只涉及一个账户借方和另一个账户贷方的会计分录，即一借一贷的会计分录。

复合分录，是指由两个以上（不含两个）对应账户所组成的会计分录，即一借多贷、一贷多借或多借多贷的会计分录。

（1）一借多贷，例如：

借：税金及附加   1 260

  贷：应交税费——城市维护建设费   735

     ——教育费附加   315

     ——地方教育费附加   210

（2）一贷多借，例如：

借：管理费用——折旧费   3 000

  销售费用——折旧费   3 600

  贷：累计折旧   6 600

（3）多借多贷，例如：

借：银行存款   22 000

  应收账款   600

  贷：主营业务收入   20 000

    应交税费——应交增值税（销项税额） 2 600

五 借贷记账法下的试算平衡

试算平衡是指根据借贷记账法的记账规则和资产与权益的恒等关系，通过对所有账户的发生额和余额的汇总计算和比较，来检查记录是否正确的一种方法。

（一）发生额试算平衡

发生额试算平衡指全部账户本期借方发生额合计与全部账户本期贷方发生额合计保持平衡（依据：借贷记账法记账规则）。公式为：

全部账户本期借方发生额合计＝全部账户本期贷方发生额合计

（二）余额试算平衡

余额试算平衡指全部账户借方期末（初）余额合计与全部账户贷方期末（初）余额合计保持平衡（依据：资产与权益的恒等关系等式）。公式为：

全部账户借方期末（初）余额合计＝全部账户贷方期末（初）余额合计

（三）试算平衡表的编制

试算平衡是通过编制试算平衡表进行的。试算平衡表通常是在期末结出各账户的本期发生额合计和期末余额后编制的，试算平衡表中一般应设置"期初余额""本期发生额"和"期末余额"三个大栏目，其下分设"借方"和"贷方"两个小栏目，如图2-16所示。

账户名称	期初余额		本期发生额		期末余额	
	借方	贷方	借方	贷方	借方	贷方
合计						

图2-16　试算平衡表

编制试算平衡表时的注意事项：

1. 必须保证所有账户的余额均已记入试算表。

2. 如果试算表借贷不相等，肯定是账户记录有错误，应认真查找，直到实现平衡为止。

3. 即便实现了有关三栏的平衡关系，也不能说明账户记录绝对正确，因为有些错误并不会影响借贷双方的平衡关系。比如：

（1）漏记某项经济业务；

（2）重记某项经济业务；

（3）某项经济业务记错有关账户；

（4）某项经济业务在账户记录中颠倒了记账方向；

（5）借方或贷方发生额中，偶然发生多记或少记并相互抵销，借贷仍然平衡；

（6）某项经济业务记录的应借应贷科目正确，但借贷双方金额同时多记或少记，且金额一致，借贷仍然平衡。

第五节 会计核算流程

微信扫一扫
免费看课程

一 会计核算流程的定义

会计核算流程在会计实务操作中是由做原始凭证开始到编制会计报表的这一过程，也叫会计循环。

二 会计核算的具体流程

审核原始凭证 → 编制记账凭证 → 登记明细账

编制会计报表 ← 对账、结账 ← 登记总账 ← 记账凭证汇总 ← 登记明细账

图2-17　会计核算的流程

（一）审核原始凭证

首先，拿到原始凭证后，要检查是否合乎入账手续。如果是发票，要检查是否有税务监制章，然后看以下四点：

1. 大小写金额是否一致，与剪口处是否相符。

2. 是否有相关人员的签名。

3. 付款单位的名称，填制凭证的日期，经济业务的内容、数量、单位、金额等要素是否完备。

4. 是否有开发票单位的签章。

（二）编制记账凭证

根据审核后的原始凭证就可以编制记账凭证。记账凭证也叫传票，后附的原始凭证有几张就填几张。

（三）登记明细账

记账凭证审核无误后，先将其按时间顺序编号，再根据记账凭证上的科目，逐笔登记到对应的明细账簿上。

账簿中只有现金和银行存款日记账要做到日清月结，现金账的余额要和库存也就是保险柜中的现金数目核对，银行账的余额要和银行对账单定期核对，其他的明细账每个月结算一次即可。

（四）记账凭证汇总

记账凭证汇总就是把记账凭证的科目和金额汇集到一起，其汇总的顺序是：首先按凭证上的编号排好顺序；然后根据凭证上的科目做丁字账，逐一抄写每个科目；最后进行合计，查看借方总合计数是否等于贷方总合计数，若相等，说明试算平衡，再把数据抄写在记账凭证汇总表（即科目汇总表）上。

（五）登记总账

根据试算平衡的记账凭证汇总表登记总账。登记总账和明细账需要注意以下区别：在明细账上，借方、贷方各自记一行，而总账是借贷方在一行上。

（六）对账、结账

记完总账后是对账和结账。只要凭证是正确的，登记完的账也应该是正确的。如果用财务软件进行记账，这个可以保证；但是如果用手工记账，就不能保证了。因此要经常对账，做到账证相符、账账相符、账实相符、账表相符。

（七）编制会计报表

记完总账且试算平衡后，就可以编制财务会计报表了。

三　出纳核算工作具体流程

（一）现金收付

1. 收到现金

根据会计岗开具的收据（发票）收款→检查收据（发票）开具的金额是否

正确、大小写是否一致、是否有经手人签名→在收据（发票）上签字并加盖财务结算章→将收据联（发票联）给交款人→凭记账联登记现金日记账→登记票据传递登记本→将记账联连同票据传递登记本传相应岗位签收制证。

2．支付现金

（1）费用报销

审核各会计岗传来的现金付款凭证金额是否与原始凭证一致→检查并督促领款人签名→据记账凭证金额付款→在原始凭证上加盖"现金付讫"图章→登记现金日记账→将记账凭证及时传主管岗复核。

（2）人工费、福利费发放

凭人力资源部开具的支出证明单付款→在支出证明单上加盖"现金付讫"图章→登记现金流水账→登记票据传递登记本→将支出证明单连同票据传递登记本传工资福利岗签收制证。

3．现金存取及保管

每天上午按用款计划开具现金支票提取现金→安全妥善保管现金、准确支付现金→及时盘点现金→下午视库存现金余额送存银行。

学堂点睛 ────────────────────────

下午下班后，现金库存应在限额内。

────────────────────────

4．管理现金日记账，做到日清月结，并及时与微机账核对余额。

（二）银行存款收付

1．收到银行存款

（1）货款

整理会计传来支票、汇票→核查和补填进账单→交主管岗背书→交送银行进账→整理从银行拿回的回款单据→将回款登记表连同回款单传会计。

（2）其他项目收款

收到除货款以外项目的支票、汇票→填写进账单→进账→回单→登记票据传递登记本→传相关岗位。

（3）贷款

收到银行贷款回单→登记票据传递登记本→传管理费用岗位。

2. 支付银行存款

（1）日常性业务款项

根据付款审批单审核无误→开具支票（汇票、电汇）→登记支票使用登记本→将支票、汇票存根粘贴到付款审批单上→加盖"转账"图章→登记票据传递登记本→传相关岗位制证。

（2）支付工资

根据付款审批单开具支票→交送银行→登记支票使用登记本→将支票存根粘贴到付款审批单上→加盖"转账"图章→登记票据传递登记本→传工资福利岗。

（3）及时将各银行对账单交内审岗编制银行调节表，对调节表上挂账及时进行清理和查询，责成相关岗位进行下账处理。

3. 根据银行收付情况统计各银行资金余额，随时掌握各银行存款余额，避免空头。

4. 熟练掌握公司各银行户头（单位名称、开户银行名称、银行账号）。

第六节 会计凭证

微信扫一扫
免费看课程

一 会计凭证概述

（一）会计凭证的定义

会计凭证是记录经济业务事项发生或完成情况的书面证明，也是登记账簿的依据。每个企业都必须按一定的程序填制和审核会计凭证，根据审核无误的会计凭证进行账簿登记，如实反映企业的经济业务。

会计凭证包括以下几方面的含义：

1. 会计凭证是表明经济业务已经发生或完成的证据（过去的交易或事项）。

2. 会计凭证是登记账簿的依据。

3．会计凭证是明确经济责任、具有法律效力的书面证明。

（二）会计凭证的作用

主要体现在以下三个方面：

1．记录经济业务，提供记账依据

通过会计凭证的填制和审核，可以如实反映各项经济业务的具体情况。但是，会计凭证只是对经济业务所做出的初步归类记录，要全面反映经济活动情况，还必须对经济业务在账户中做进一步的归类和系统化的记录。任何单位都不能凭空记账，登记账簿必须以经过审核无误的会计凭证为依据。

2．明确经济责任，强化内部控制

由于每一项经济业务都要填制或取得会计凭证，并由有关部门和人员签章，从而明确了有关部门和人员的责任，这必然增强了经办人员以及其他有关人员的责任感，同时也有利于在发现问题时查明责任归属。

3．监督经济活动，控制经济运行

通过会计凭证的审核，可以检查企业的每一项经济业务是否符合国家有关政策、法律法规和制度等规定，是否符合企业计划和预算进度，是否有违法乱纪、铺张浪费等行为。通过会计凭证的审核，还可以监督经济活动的真实性、合法性、合理性，及时对经济活动进行事中控制，保证经济活动健康运行，从而严肃财经纪律，有效地发挥会计的监督作用。

（三）会计凭证的种类

会计凭证按其填制的程序和用途可以分为原始凭证和记账凭证两类。

二 原始凭证

（一）原始凭证的定义

原始凭证又称单据，是在经济业务发生或完成时取得或填制的，用以记录或证明经济业务的发生或完成情况的原始凭据。原始凭证的作用主要是记载经济业务的发生过程和具体内容。常用的原始凭证有现金收据、发货票、增值税专用（或普通）发票、差旅费报销单、领料单等，如图2-18和图2-19所示。

差旅费报销单

报销部门：销售部　　　　填报日期：　2019　年　12　月　15　日

姓名	刘虹	职别	销售总监	出差事由	出差南京洽谈业务

出差起止日期：2019 年 12 月 10 日起至 2019 年 12 月 14 日止共 5 天附单据 7 张

日期		起讫地点	天数	机票费	车船费	市内交通费	住宿费	出差补助	餐费补助	其他	小 计
月	日										
12	10	深圳-南京	1	1130.00							1130.00
12	14	南京-深圳	4	1230.00		80.00	1000.00		160.00		2470.00
		合　计		2360.00	现金付讫	80.00	1000.00		160.00		3600.00

总计金额（大写）⊗万 叁仟 陆佰 零拾 零元 零角 零分　预支：￥4000.00元　退补：￥400.00元

负责人　　　会计 齐红　　　出纳 冷艳　　　审核 齐红　　　部门主管刘虹　　　出差人 刘虹

图2-18　差旅费报销单

银行进账单		
2019 年 06 月 07 日		

图2-19　银行进账单

学堂点睛

　　原始凭证是会计核算的原始资料和重要依据，它的质量决定了会计信息的真实性和可靠性。

（二）原始凭证的种类

1. 原始凭证按其来源的不同可以分为外来原始凭证和自制原始凭证。

（1）外来原始凭证

外来原始凭证是指在经济业务发生或完成时，从其他单位或个人直接取得的原始凭证，如购买材料时取得的增值税专用发票、银行转来的各种结算凭证、对外支付款项时取得的收据、职工出差取得的飞机票与车船票等。

（2）自制原始凭证

自制原始凭证是指由本单位有关部门和人员在执行或完成某项经济业务时自行填制的、仅供本单位内部使用的原始凭证，如：领料单、产品入库单、产品出库单、借款单、工资发放明细表、折旧计算表等。

2. 原始凭证按照格式不同，可以分为通用凭证和专用凭证。

（1）通用凭证

通用凭证是指由有关部门统一印制、在一定范围内使用的具有统一格式和使用方法的原始凭证。通用凭证的使用范围因制作部门不同而有所差异，可以是某一地区、某一行业，也可以是全国通用，如：某省印制的在该省通用的发票、收据等；由中国人民银行制作的在全国通用的银行转账结算凭证；由国家税务总局统一印制的全国通用的增值税专用发票等。

江苏增值税普通发票

32001895211　　　　№ 37445066　　32001895211 37445066

发票联

校验码43682 62375 77912 88550　　　　开票日期：2019-12-13

购买方	名称：深圳市金马商贸有限公司 纳税人识别号：91440300760122036Q 地址、电话：深圳市福田区华强北大厦1601 0755-83064010 开户行及账号：中国工商银行华强北支行 1306020300030292			密码区	-3*391+4686>3<4<<>6/5*1>//6+ 20-62-91690+-206>>5>1<287164 -*53-><448/5-7->412910+*/437 3*->4594635686 32>8591+23*308		
货物或应税劳务、服务名称	规格型号	单位	数量	单价	金额	税率	税额
*餐饮服务*餐费			1	150.94	150.94	6%	9.06
合计					¥150.94		¥9.06
价税合计（大写）	⊗壹佰陆拾圆整				（小写） ¥160.00		
销售方	名称：南京壹居格餐饮管理有限公司 纳税人识别号：91620100825509742A 地址、电话：甘肃省兰州市华强北大厦1601 0931-02752788 开户行及账号：中国银行股份有限公司兰州支行 623162577518990			备注			

收款人：乐宏一　　复核：毕彤瑛　　开票人：乔博一　　销售方：（章）

会计学堂教学专用 不得用作其他商业用途

第二联：发票联 购买方记账凭证

图2-20 增值税普通发票

（2）专用凭证

专用凭证是指由单位自行印制、仅在本单位内部使用的原始凭证，如领料单、差旅费报销单、折旧计算表、借款单、工资费用分配表等。

领料单   NO:

领用部门: 年　月　日

编号	名称及规格	单位	数量		单价	金额
			请领	实领		
	合计					

领用人:　　　　领用部门主管:　　　　　　保管员:　　　　　　仓库主管:

图2-21　领料单

3．原始凭证按照填制手续及内容不同，可以分为一次凭证、累计凭证和汇总凭证。

（1）一次凭证

一次凭证是指一次填制完成，只记录一笔经济业务且仅一次有效的原始凭证。

外来的原始凭证一般都是一次凭证；在自制的原始凭证中，大部分都属于一次凭证，如领料单、工资单、收据、发货票、销货发票、收料单、银行结算凭证等。

发货票

购买单位:

结算方式:　　　　　　　年　月　日　　　　　编号:

品名规格	单位	数量	单价	金额

会计:　　　　　　复核:　　　　　　制单:

图2-22　发货票

（2）累计凭证

累计凭证是指在一定时期内多次记录发生的同类型经济业务且多次有效的原始凭证。其特点是在一张凭证内可以连续登记相同性质的经济业务，随时结出累计数及结余数，并按照费用限额进行费用控制，期末按实际发生额记账。

累计凭证是多次有效的原始凭证，这类凭证的填制手续是需要多次进行才能完成的。它一般为自制原始凭证，最具有代表性的累计凭证是限额领料单。

限 额 领 料 单

领料部门：　　　　　　　　　　　　　　　　　　　　　　发料仓库：
用途：　　　　　　　　　　年　月　日　　　　　　　　　编号：

材料类别	材料编号	材料名称及规格	计量单位	领料限额	实际领用	单价	金额	备注	
									第一联 存根联
领料日期	请领数量	实发数量		领料人签章	发料人签章	限额结余	退库		
							数量	退库单	
合　计									

供应部门负责人：　　　　　　生产部门负责人：　　　　　　仓库管理员：

图2-23　限额领料单

（3）汇总凭证

汇总凭证也称原始凭证汇总表，是指对一定时期内反映经济业务内容相同的若干张原始凭证，按照一定标准综合填制的原始凭证。它也是一种自制的原始凭证，如收料凭证汇总表、发出材料汇总表、工资结算汇总表、差旅费报销单、销售日报等。

学堂点睛

有些原始单据不是原始凭证，因为它们不能证明经济业务已经发生或完成的情况，也不能作为编制记账凭证和登记账簿的依据，如用工计划表、材料请购单、经济合同、银行存款余额调节表、派工单等。

（三）原始凭证的基本内容

原始凭证一般应具备以下基本内容：原始凭证的名称；填制原始凭证的日期；填制凭证单位名称和填制人姓名；数量、单价、金额；经办人的签名或者盖章；接受凭证单位名称；经济业务内容。

（四）原始凭证的填制要求

1. 原始凭证填制的基本要求

（1）记录要真实

原始凭证所填列的经济业务内容和数字必须真实可靠，符合实际情况。

（2）内容要完整

原始凭证所要求填列的项目必须逐项填列齐全，不得遗漏和省略。

（3）手续要完备

①单位自制的原始凭证必须有经办单位领导人或者其他指定的人员签名盖章。

②对外开出的原始凭证必须加盖本单位公章。

③从外部取得的原始凭证，必须盖有填制单位的公章。

④从个人取得的原始凭证，必须有填制人员的签名或盖章。

（4）书写要清楚、规范

①不得使用未经国务院公布的简化汉字。

②大小写金额必须相符且填写规范。

小写金额用阿拉伯数字逐个书写，不得写连笔字。在金额前要填写人民币符号"¥"，人民币符号"¥"与阿拉伯数字之间不得留有空白。金额数字一律填写到角、分，无角、分的，写"00"或符号"–"；有角无分的，分位写"0"，不得用符号"–"。

大写金额使用汉字壹、贰、叁、肆、伍、陆、柒、捌、玖、拾、佰、仟、万、亿、元、角、分、零、整等，一律用正楷或行书体书写。大写金额前未印有"人民币"字样的，应加写"人民币"三个字，"人民币"字样和大写金额之间不得留有空白。

大写金额到元为止的，后面要写"整"或"正"字；到角为止的，可以写"整"或"正"字；有分的，不写"整"或"正"字。如小写金额为"¥1 008.00"，大写金额应写成"人民币壹仟零捌元整"。

（5）编号要连续

如果原始凭证已预先印定编号，在写错作废时，应加盖作废戳记，妥善保管，不得撕毁。

（6）不得涂改、刮擦、挖补

①原始凭证有除金额外的其他错误的，应当由出具单位重开或更正，更正处应当加盖出具单位印章。

②原始凭证金额有错误的，应当由出具单位重开，不得在原始凭证上更正。因为原始凭证上的金额是反映经济业务事项情况的最重要数据，如果允许随意更改，容易产生舞弊行为，不利于保证原始凭证的质量。

学堂点睛

上述两点实际上讲的是"原始凭证的错误更正"的相关内容，实际工作中必须要掌握。

（7）填制要及时

各种原始凭证一定要及时填写，并按规定的程序及时送交会计机构，由会计人员进行审核。

2. 自制原始凭证的填制要求

（1）一次凭证，应在经济业务发生或完成时，由相关人员一次填制完成。

（2）累计凭证，应在每次经济业务完成后，由相关人员在同一张凭证上重复填制完成。

（3）汇总凭证，应由相关人员在汇总一定时期内反映同类经济业务的原始凭证后填制完成。

（五）原始凭证的审核

为了正确反映经济业务的执行和完成情况，发挥会计工作的监督作用，保证会计信息的真实、完整，财会部门对各种原始凭证要进行严格的审查和核对。

1. 原始凭证审核的内容

原始凭证的审核内容主要包括真实性、合法性、合理性、完整性、正确性和及时性。

表2-5 原始凭证审核的内容

审核内容	说明
真实性	审核原始凭证日期是否真实、业务内容是否真实、数据是否真实等
合法性	审核原始凭证所记录的经济业务是否有违反国家法律法规的情况、是否履行了规定的凭证传递和审核程序、是否有贪污腐化等行为
合理性	审核原始凭证所记录的经济业务是否符合企业生产经营活动的需要，是否符合有关的计划、预算等
完整性	审核原始凭证各项基本要素是否齐全、是否有漏项情况、日期是否完整、数字是否清晰、文字是否工整、有关人员签章是否齐全、凭证联次是否正确等
正确性	审核原始凭证所填列的数字、内容信息是否符合要求，包括单位名称、数量、单价、金额以及小计、合计等填写是否清晰，计算是否准确，是否用复写纸套写，有无涂改、刮擦、挖补等弄虚作假行为
及时性	审查是否在经济业务发生或完成时及时填制有关原始凭证

2．审核结果的处理

（1）对于完全符合要求的原始凭证，应及时据以编制记账凭证入账。

（2）对于真实、合法、合理，但内容不够完善、填写有错误的原始凭证，应退回给有关经办人员，由其负责将有关凭证补充完整、更正错误或重开后，再办理正式会计手续。

（3）对于不真实、不合法的原始凭证，会计机构和会计人员有权不予以接受，并向单位负责人报告。

三 记账凭证

（一）记账凭证的定义

记账凭证又称记账凭单，是会计人员根据审核无误的原始凭证，按照经济业务事项的内容加以归类，并据以确定会计分录后所填制的会计凭证，它是登记账簿的直接依据。

记账凭证与原始凭证最大的区别在于：我国会计记录具体程序的第一个步骤是根据原始凭证编制记账凭证；记账凭证具有分类归纳原始凭证和满足登记会计账簿的作用；记账凭证是介于原始凭证与账簿之间的中间环节，是登记明细分类账和总分类账的依据。

（二）记账凭证的种类

1．记账凭证按其反映经济业务的内容不同，可以分为收款凭证、付款凭证和转账凭证。

（1）收款凭证

收 款 凭 证

银收字第 01 号

借方科目：银行存款　　2019 年 12 月 01 日

摘　　要	总账科目	明细科目	金　额 亿 千 百 十 万 千 百 十 元 角 分	记账符号
收到张美海投资款	实收资本	张美海	1 3 0 0 0 0 0 0 0	
附件　3　张	合　　计		¥ 1 3 0 0 0 0 0 0 0	

会计主管：齐红　　　记账：　　　出纳：冷艳　　　审核：

图2-24　收款凭证

收款凭证是指用于记录现金和银行存款收款业务的会计凭证。收款凭证又可分为现金收款凭证和银行存款收款凭证。现金收款凭证是根据现金收入业务的原始凭证编制的收款凭证，如以现金结算的发票记账联；银行存款收款凭证是根据银行存款收入业务的原始凭证编制的收款凭证，如银行进账通知单。

（2）付款凭证

<table>
<tr><th colspan="9" style="text-align:center">付 款 凭 证</th><th>现付字第 021号</th></tr>
<tr><td>贷方科目：库存现金</td><td colspan="7" style="text-align:center">2019 年 12 月 07 日</td><td></td></tr>
<tr><th rowspan="2">摘 要</th><th rowspan="2">总账科目</th><th rowspan="2">明细科目</th><th colspan="5">金 额</th><th rowspan="2">记账符号</th></tr>
<tr><th colspan="5">亿 千 百 十 万 千 百 十 元 角 分</th></tr>
<tr><td>支付货款</td><td>应付账款</td><td>江苏百胜电子商务公司</td><td></td><td></td><td colspan="3">1 2 0 0 0 0 0 0</td><td></td></tr>
<tr><td></td><td></td><td></td><td></td><td></td><td></td><td></td><td></td><td></td></tr>
<tr><td></td><td></td><td></td><td></td><td></td><td></td><td></td><td></td><td></td></tr>
<tr><td></td><td></td><td></td><td></td><td></td><td></td><td></td><td></td><td></td></tr>
<tr><td>附件 4 张</td><td colspan="2" style="text-align:center">合 计</td><td colspan="5">¥ 1 2 0 0 0 0 0 0</td><td></td></tr>
</table>

会计主管：刘丽　　　记账：李芳　　　出纳：张弘　　　审核：王夏

图2-25 付款凭证

付款凭证是指用于记录现金和银行存款付款业务的会计凭证。付款凭证又可分为现金付款凭证和银行存款付款凭证。现金付款凭证是根据现金付出业务的原始凭证编制的付款凭证，如以现金结算的发票联；银行存款付款凭证是根据银行存款付出业务的原始凭证编制的付款凭证，如现金支票、转账支票存根。

（3）转账凭证

<table>
<tr><th colspan="9" style="text-align:center">转 账 凭 证</th></tr>
<tr><td colspan="5" style="text-align:center">2019 年 12 月 31 日</td><td colspan="2" style="text-align:center">转字第 3 号</td><td></td></tr>
<tr><th rowspan="2">摘 要</th><th rowspan="2">总账科目</th><th rowspan="2">明细科目</th><th>借方金额</th><th>贷方金额</th><th rowspan="2">记账符号</th></tr>
<tr><th>亿 千 百 十 万 千 百 十 元 角 分</th><th>亿 千 百 十 万 千 百 十 元 角 分</th></tr>
<tr><td>领用原材料</td><td>生产成本</td><td>直接材料</td><td>3 8 9 5 0 0 0 0</td><td></td><td></td></tr>
<tr><td>领用原材料</td><td>原材料</td><td>A材料</td><td></td><td>3 8 9 5 0 0 0 0</td><td></td></tr>
<tr><td></td><td></td><td></td><td></td><td></td><td></td></tr>
<tr><td></td><td></td><td></td><td></td><td></td><td></td></tr>
<tr><td></td><td></td><td></td><td></td><td></td><td></td></tr>
<tr><td>附件 2 张</td><td colspan="2" style="text-align:center">合 计</td><td>¥ 3 8 9 5 0 0 0 0</td><td>¥ 3 8 9 5 0 0 0 0</td><td></td></tr>
</table>

会计主管：刘丽　　　记账：李芳　　　审核：王夏　　　制单：吴静

图2-26 转账凭证

转账凭证是指用于记录不涉及现金和银行存款业务的会计凭证。它是根据有关转账业务（即在经济业务发生时，不需要收付现金或银行存款的各项业务，注意与银行转账业务区分）的原始凭证填制的，如企业内部的领料单、出库单等。计提固定资产折旧、期末结转成本等也是转账行为。

对于经济业务较简单、规模较小、收付业务较少的单位，为了简化核算，还可采用通用记账凭证来记录所有经济业务。通用记账凭证统一编号（每月编一次），通用记账凭证的格式与转账凭证基本相同。

2. 记账凭证按其填列方式，可分为复式凭证和单式凭证两种。

（1）复式凭证，是指将每一笔经济业务事项所涉及的全部会计科目及其发生额均在同一张记账凭证中反映的一种凭证。收款凭证、付款凭证、转账凭证和通用记账凭证都是复式凭证。复式凭证是实际工作中应用最普遍的记账凭证。复式凭证可集中反映一项经济业务的科目对应关系，便于分析对照，了解有关经济业务的全貌，减少了凭证数量，但不利于会计人员分工记账。

（2）单式凭证，是指每一张记账凭证只填列经济业务事项所涉及的一个会计科目及其金额的记账凭证。填列借方科目的称为借项记账凭证，填列贷方科目的称为贷项记账凭证。

（三）记账凭证的基本内容（与原始凭证区分）

1. 记账凭证的名称，即收款凭证、付款凭证和转账凭证。

2. 填制记账凭证的日期。记账凭证是在哪一天编制的，就写上哪一天的日期。记账凭证的填制日期与原始凭证的填制日期可能相同，也可能不同。记账凭证应及时填制，但一般稍后于原始凭证的填制。

3. 记账凭证的编号。企业既可以按收款、付款、转账三类业务分别编号，也可以细分为现收、现付、银收、银付、转账五类分别编号。如果一笔经济业务需要填列多张记账凭证，可采用"分数编号法"。

4. 经济业务事项的内容摘要。

5. 会计科目。

6. 金额。

7. 所附原始凭证张数。

8. 填制凭证人员、稽核人员、记账人员、会计机构负责人、会计主管人员签名或盖章。收款和付款记账凭证还应当由出纳人员签名或盖章。

（四）记账凭证的编制要求

1. 记账凭证编制的基本要求

（1）记账凭证各项内容必须完整。

（2）记账凭证应连续编号。一笔经济业务需要填制两张以上记账凭证的，可以采用"分数编号法"编号。

（3）记账凭证的书写应清楚、规范。相关要求同原始凭证。

（4）记账凭证可以根据每一张原始凭证填制，或根据若干张同类原始凭证汇总编制，也可以根据原始凭证汇总表填制。但不得将不同内容和类别的原始凭证汇总填制在一张记账凭证上。

（5）除结账和更正错误的记账凭证可以不附原始凭证外，其他记账凭证必须附有原始凭证。

一张原始凭证如涉及几张记账凭证的，可以把原始凭证附在一张主要的记账凭证后面，并在其他记账凭证上注明附有该原始凭证的记账凭证的编号或附上该原始凭证的复印件。

一张原始凭证所列的支出需要由几个单位共同负担时，应当由保存该原始凭证的单位开具原始凭证分割单给其他应负担的单位。原始凭证分割单必须具备原始凭证的基本内容。

（6）记账凭证的更正

填制时，未入账的记账凭证应当重新填制；而已登记入账的记账凭证的错误更正按照以下情况进行对应的更正：

①如果是金额以外有错，先用红字填写一张与原内容相同的记账凭证，在摘要栏注明"注销某月某日某号凭证"字样，同时再用蓝字重新填制一张正确的记账凭证，注明"订正某月某日某号凭证"字样。

②如果会计科目没有错误，只是金额错误，应将正确数字与错误数字之间的差额另编一张调整的记账凭证，调增金额用蓝字、调减金额用红字。

③发现以前年度记账凭证有错误的，应当用蓝字填制一张更正的记账凭证。

（7）记账凭证填制完经济业务事项后，如有空行，应当自金额栏最后一笔金额数字下的空行处至合计数上的空行处划线注销。

2. 付款凭证的编制要求

付款凭证是根据审核无误的有关库存现金和银行存款的付款业务的原始

凭证填制的。填制方法与收款凭证基本相同，只是左上角应填列贷方科目，即"库存现金"或"银行存款"科目，"借方科目"栏应填写与"库存现金"或"银行存款"相应的一级科目和明细科目。

例2-6 2019年6月20日购入材料一批，买价30 000元，开出支票一张支付购料款。这项交易发生后，企业的银行存款资产减少30 000元，同时，原材料增加30 000元。

学堂点拨

按照借贷记账法编制的会计分录如下：

借：原材料 　　　　　　　　　　　　　　　　　　　　　　　　30 000

　　贷：银行存款 　　　　　　　　　　　　　　　　　　　　　　30 000

由于这项经济交易使得企业的银行存款减少，因而应当填制付款凭证。

出纳人根据审核无误的原始凭证填制银行存款付款凭证，如图2-27所示。

付　款　凭　证

银付字第 18 号

贷方科目：**银行存款**　　　　　　　　2019 年 06 月 20 日

摘　　　要	总账科目	明细科目	金　额 亿 千 百 十 万 千 百 十 元 角 分	记账符号
购入材料一批	**原材料**		3 0 0 0 0 0 0	
附件　4　张	合　　　　计		￥3 0 0 0 0 0 0	

会计主管：　　　　　记账：　　　　　出纳：张华　　　　　审核：宋湘

图2-27　银行存款付款凭证填制

由于收款凭证和付款凭证是出纳人员收入或付出项的依据，因此出纳人员在根据收、付款凭证收款和付款时，要在凭证上加盖"收讫"或"付讫"的戳记，以免重收或重付。

另外，为了避免重复记账，对于涉及现金和银行存款之间相互划转的经济业务，即从银行提取现金或把现金存入银行的经济业务，统一只编制付款凭证不编收款凭证。当发生从银行提取现金的业务时，只编制银行存款付款凭证，而不编制现金收款凭证；当发生把现金存入银行的业务时，只编制现金付款凭证，而不编制银行收款凭证。

3. 转账凭证的编制要求

转账凭证通常是根据有关转账业务的原始凭证填制的。转账凭证中"总账科目"和"明细科目"栏应填写应借、应贷的总账科目和明细科目，借方科目应记金额应在同一行的"借方金额"栏填列，贷方科目应记金额应在同一行的"贷方金额"栏填列，"借方金额"栏合计数与"贷方金额"栏合计数应相等。

例2-7 某企业2019年12月31日计提当月折旧20 000元，其中生产车间计提折旧15 000元，厂部管理部门计提折旧5 000元。

这项交易发生后，企业因计提折旧，制造费用增加15 000元，管理费用增加5 000元。同时，累计折旧增加20 000元。

学堂点拨

按照借贷记账法编制的会计分录如下：

借：制造费用   15 000

  管理费用   5 000

   贷：累计折旧   20 000

这项交易属于不涉及现金和银行存款的转账交易，因此应当填制转账凭证。会计人员根据折旧提取计算表填制转账凭证，如图2-28所示。

转 账 凭 证

2019 年 12 月 31 日   转字第 3 号

摘 要	总账科目	明细科目	借 方 金 额											贷 方 金 额											记账符号
			亿	千	百	十	万	千	百	十	元	角	分	亿	千	百	十	万	千	百	十	元	角	分	
计提本月折旧	制造费用				1	5	0	0	0	0	0	0													
	管理费用					5	0	0	0	0	0	0													
	累计折旧															2	0	0	0	0	0	0	0		
附件 1 张	合 计				¥	2	0	0	0	0	0	0	0			¥	2	0	0	0	0	0	0	0	

会计主管：   记账：   审核：   制单：宋湘

图2-28 转账凭证填制

（五）记账凭证的审核

记账凭证审核的内容主要有真实性审核、技术性审核、完整性审核三个大的方面。具体内容见表2-6所示。

表2-6 记账凭证的审核内容

审核内容	说明
内容是否真实	审核记账凭证是否附有原始凭证，所附原始凭证的内容与记账凭证的内容是否一致等
项目是否齐全	如日期、凭证编号、摘要、会计科目、金额、所附原始凭证张数及有关人员签章等
科目是否正确	记账凭证的应借、应贷科目以及对应关系是否正确
金额是否正确	记账凭证所记录的金额与原始凭证的有关金额是否一致，计算是否正确
书写是否正确	记账凭证中的记录是否文字工整、数字清晰，是否按规定进行更正等

此外，出纳人员在办理收款或付款业务后，应在凭证上加盖"收讫"或"付讫"的戳记，以避免重收重付。

四 会计凭证的传递与保管

（一）会计凭证的传递

会计凭证的传递是指从会计凭证的取得或填制时起至归档保管过程中，在单位内部有关部门和人员之间的传送程序。

1. 会计凭证的传递的作用

（1）通过会计凭证的传递，有利于及时地反映各项经济业务的发生或完成情况。

（2）通过会计凭证的传递，有利于正确地组织经济活动，贯彻经济责任制。

（3）通过会计凭证的传递，能加强会计监督。

2. 会计凭证的传递的要求

会计凭证的传递，应当能够满足内部控制制度的要求，使传递程序合理有效，同时尽量节约传递时间，减少传递的工作量。

3. 会计凭证的传递程序和方法

单位应根据具体情况制定每一种凭证的传递程序和方法，包括传递程序、传递时间和传递过程中的衔接手续。在制定合理的凭证传递程序和方法时，通常考虑以下几点：

（1）会计凭证的传递程序，要视经济业务的手续程序而定。

（2）会计凭证的传递时间，要根据办理经济业务手续在正常情况下完成所需的时间而定。

（3）会计凭证传递过程中的衔接手续，应该做到既完备严密，又简便易行。

执行中如有不合理的地方，可随时根据实际情况加以修改。

（二）会计凭证的保管

会计凭证的保管是指会计凭证记账后的整理、装订、归档和存查工作。作为记账的依据，会计凭证是重要的会计档案和经济资料。

对会计凭证的保管的主要要求有：

1. 会计凭证应定期装订成册，防止散失。

从外单位取得的原始凭证遗失时，应取得原签发单位盖有公章的证明，并注明原始凭证的号码、金额、内容等，由经办单位会计机构负责人、会计主管人员和单位负责人批准后，才能代作原始凭证。若确实无法取得证明的，如车票丢失等，则应由当事人写明详细情况，由经办单位会计机构负责人、会计主管人员和单位负责人批准后，才能代作原始凭证。

2. 会计凭证封面应注明单位名称、凭证种类、凭证张数、起止编号、年度、月份、会计主管人员、装订人员等有关事项，会计主管人员和保管人员应在封面上签章。

凭 证 封 面

年　　月份

单位名称	
凭证名称	
册数	自　　册共　　册
起讫编号	自第　　号全第　　号止共计　　张
起讫日期	自　　年　　月　　日至　　年　　月　　日

财会主管　　　　　　　　装订

图2-29　凭证封面

3．会计凭证应加贴封条，防止抽换凭证。

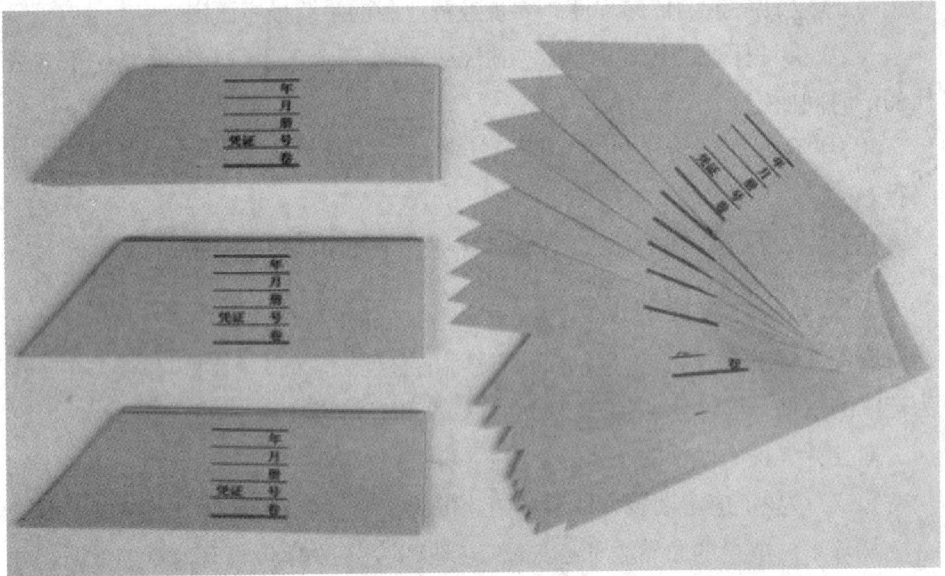

图2-30　封条

原始凭证不得外借，其他单位如有特殊原因确实需要使用时，经本单位会计机构负责人、会计主管人员批准才可以复制。向外单位提供的原始凭证复制件，应在专设的登记簿上登记，并由提供人员和收取人员共同签名、盖章。

4．原始凭证较多时，可单独装订，但应在凭证封面注明所属记账凭证的日期、编号和种类，同时在所属的记账凭证上注明"附件另订"及原始凭证的名称和编号，以便查阅。各种经济合同、押金收据、提货单以及需要随时查阅和退回的单据，应另编目录，单独保管，并在有关的记账凭证和原始凭证上相互注明日期和编号。

5．每年装订成册的会计凭证，在年度终了时可暂由单位会计机构保管一年，期满后应当移交本单位档案机构统一保管；未设立档案机构的，应当在会计机构内部指定专人保管，出纳人员不得兼管会计档案。

6．严格遵守会计凭证的保管期限要求，期满前不得任意销毁。任何单位不得擅自销毁会计凭证。

第
七
节

微信扫一扫
免费看课程

会计账簿

会计账簿是指由一定格式的账页组成的，以通过审核的会计凭证为依据，全面、系统、连续地记录各项经济业务的簿籍，简称账簿。

一 会计账簿与账户的关系

二者的关系是形式和内容的关系，账簿只是一个外在形式，账户才是它的真实内容。具体说明如下：

（一）账户存在于账簿之中，账簿中的每一个账页就是账户的存在形式和载体，没有账簿，账户就无法存在。

（二）账簿序时、分类地记载经济业务是在个别账户中完成的。

二 会计账簿的内容、启用与记账规则

（一）会计账簿的内容

各种账簿都应具备封面、扉页和账页三个基本内容。

封面，主要标明会计账簿的名称，如总分类账、现金日记账、银行存款日记账等。

图2-31 会计账簿封面

扉页，主要用来标明会计账簿的使用信息，如科目索引、账簿启用登记和经管人员一览表等。

账簿启用登记和经管人员一览表

账簿名称：＿＿＿＿＿＿＿　　　　　单位名称：＿＿＿＿＿＿＿

账簿编号：＿＿＿＿＿＿＿　　　　　账簿册数：＿＿＿＿＿＿＿

账簿页数：＿＿＿＿＿＿＿　　　　　启用日期：＿＿＿＿＿＿＿

会计主管：＿＿＿＿＿＿＿　　　　　记账人员：＿＿＿＿＿＿＿

移交日期			移交人		接管日期			接管人		会计主管	
年	月	日	签名	签章	年	月	日	签名	签章	签名	签章

图2-32　会计账簿扉页

账页，是账簿用来记录经济业务事项的载体，包括账户的名称、登记账簿的日期栏、凭证种类和编号栏、摘要栏（记录经济业务内容的简要说明）、金额栏（记录经济业务的增减变动情况）、总页次（账簿总页数）和分户页次（该账户所在的页数）栏等基本内容。

银 行 存 款 日 记 账　　　　总 1 页　第 1 页

2019年 月	日	凭证编号	支票 种类	票号	摘　要	对方科目	借　方 亿千百十万千百十元角分	贷　方 亿千百十万千百十元角分	借或贷	余　额 亿千百十万千百十元角分	核对
5	1				期初金额				借	3 0 0 0 0 0	✓
5	2	记字03	略	略	购买办公用品	管理费用		2 0 0 0 0	借	2 8 0 0 0 0	✓
5	6	记字06	略	略	提取备用金	银行存款	1 0 0 0 0 0		借	3 8 0 0 0 0	✓
5	13	记字11	略	略	销售部王明预支差旅费	其他应收款		9 0 0 0 0	借	2 9 0 0 0 0	✓
5	21	记字15	略	略	收回王明退回差旅费余额	其他应收款	3 0 0 0 0		借	3 2 0 0 0 0	✓
5	31				本月合计		1 3 0 0 0 0	1 1 0 0 0 0	借	3 2 0 0 0 0	✓
12	31				本年累计		1 1 6 0 9 0 0 0	1 1 3 3 2 0 0 0	借	3 2 0 0 0 0	✓
					结转下年				借	3 2 0 0 0 0	✓

图2-33　会计账簿账页

（二）会计账簿的启用

在启用会计账簿时，应当在账簿封面上写明单位名称和账簿名称，并在账簿扉页上附启用表。更换记账人员时，应办理交接手续，在交接记录内填写交接日期和交接人员姓名并签章。

启用订本账应当从第一页到最后一页顺序编定页数，不得调页、缺号。使用活页式账页，应当按账户顺序编号，并须定期装订成册，装订之后再按实际使用的账页顺序编定页码，另加目录，记明每个账户的名称和页次。

（三）会计账簿的记账规则

1. 应当根据审核无误的会计凭证登记会计账簿。账簿记录中的日期，应该填写记账凭证上的日期；以自制原始凭证（如收料单、领料单等）作为记账依据的，账簿记录中的日期应按有关自制凭证上的日期填列。

2. 登记完毕后，要在记账凭证上签名或者盖章，并注明已经登账的符号，避免重记、漏记。

3. 登记账簿必须使用蓝黑墨水或者碳素墨水并用钢笔书写，不得使用圆珠笔或者铅笔书写，但银行的复写账簿可以用圆珠笔书写。

4. 下列情况，可以用红色墨水记账：

（1）按照红字冲账的记账凭证，冲销错误记录。

（2）在不设借贷等栏的多栏式账页中，登记减少数。

（3）在三栏式账户的余额栏前，如未印明余额方向的，在余额栏内登记负数余额。

（4）根据国家统一的会计制度的规定可以使用红字登记的其他会计记录。

5. 在登记各种账簿时，应按页次顺序连续登记，不得隔页、跳行。如果发生隔页、跳行，应在空页、空行处用红色墨水划对角线注销，或者注明"此页空白"或"此行空白"字样，并由记账人员签名或者盖章。

6. 凡需要结出余额的账户，结出余额后，应当在"借或贷"栏内注明"借"或者"贷"字样；没有余额的账户，应当在"借或贷"栏内写"平"字，并在"余额"栏内用"Ø"表示。需要注意的是，现金日记账和银行存款日记账必须逐日结出余额。

7. 每一账页登记完毕结转下页时，应当结出本页合计数及余额，写在本页最后一行和下页第一行有关栏内，并在"摘要"栏内分别注明"过次页"和"承前页"字样；也可以将本页合计数及金额只写在下页第一行有关栏内，并在"摘要"栏内注明"承前页"字样。

三 会计账簿的分类、格式和登记方法

（一）会计账簿的分类

1. 按照用途的不同，会计账簿分为序时账簿、分类账簿和备查账簿。

（1）序时账簿又称为日记账，是按照经济业务发生或完成时间的先后顺序，逐日逐笔登记的账簿。按照记录内容的不同，又可分为普通日记账和特种日记账，前者用来记录全部经济业务的发生情况，后者用来记录某一类经济业务的发生情况。实际工作中常用的是特种日记账，如现金日记账和银行存款日记账。

库存现金日记账　　　　　　　　　　　总1页　第1页

2019年 月	日	凭证编号	摘 要	对方科目	票号	借方 亿千百十万千百十元角分	贷方 亿千百十万千百十元角分	借或贷	余额 亿千百十万千百十元角分	核对
5	1		期初余额					借	300000	√
5	2	记字第03	购买办公用品	管理费用	略		20000	借	280000	√
5	6	记字第06	提取现金	银行存款	略	100000		借	380000	√
5	13	记字第11	王明预支差旅费	其他应收款	略		90000	借	290000	√
5	31	记字第15	收回王明退回多余差旅费	其他应收款	略	30000		借	320000	√
5	31		本月合计			130000	110000	借	320000	√

图2-34　库存现金日记账

银行存款日记账　　　　　　　　　　　总1页　第1页

2019年 月	日	凭证编号	支票 种类	票号	摘 要	对方科目	借方 亿千百十万千百十元角分	贷方 亿千百十万千百十元角分	借或贷	余额 亿千百十万千百十元角分	核对
12	1				期初金额				借	300000	√
12	1	记字001	转		收到投资款	实收资本	130000000		借	130300000	√
12	7	记字004	转支	10237029	收到转账支票	应收账款	3500000		借	133800000	√
12	8	记字005	现		现金收款存入银行	库存现金	2000000		借	135800000	√
12	9	记字006	电汇		电汇支付货款	原材料		8000000	借	127800000	√
12	11	记字007	转	84593786	支付货款	原材料		100000000	借	27800000	√
12	17	记字010	现支	38285677	提取备用金	库存现金		4000000	借	31800000	√
12	22	记字013	转支	86848572	支付购入汽车款	固定资产		16826020	借	14973980	√
12	22	记字014	转支	86848573	支付广告费	销售费用		1000000	借	13973980	√
12	23	记字015	转		网银支付货款	原材料		12680360	借	1293620	√
12	31				本月合计		139500000	138506380	借	1293620	√

图2-35　银行存款日记账

（2）分类账簿是对全部经济业务事项按照分类账户进行登记的账簿。按照分类的概括程度分为总分类账簿（简称总账）和明细分类账簿（简称明细账），前者按照总分类账户分类登记，后者按照明细分类账户分类登记。

（3）备查账簿简称备查簿，是指对某些在序时账簿和分类账簿等主要账簿中都不予登记或登记不够详细的经济业务事项进行补充登记时使用的账簿。

这类账簿不是根据会计凭证登记的，也没有固定的格式，只是用文字进行补充登记，如租入固定资产登记簿、受托加工材料登记簿、代销商品登记簿、委托加工材料登记簿、应收票据登记簿等。

2. 按照账页格式的不同，会计账簿分为两栏式账簿、三栏式账簿、数量金额式账簿和多栏式账簿。

（1）两栏式账簿是指只有借方和贷方两个基本金额栏目的账簿。普通日记账和转账日记账一般采用两栏式。

（2）三栏式账簿是设有借方、贷方和余额三个基本栏目的账簿。各种日记账、总分类账以及资本、债权、债务明细账都可以采用三栏式账簿。

（3）数量金额式账簿的借方、贷方和余额三个栏目内都分别设有数量、单价和金额三小栏，借以反映财产物资的实物数量和价值量。原材料、库存商品、产成品等明细账一般都采用数量金额式账簿。

（4）多栏式账簿是在账簿的两个基本栏目借方和贷方下按需要分设若干个专栏的账簿，如多栏式日记账、多栏式明细账。收入、费用明细账一般都采用这种格式的账簿。

3. 账簿按其外形特征可以分为订本账、活页账和卡片账。

（1）订本账

订本账是指启用之前就已将账页装订在一起，并对账页进行了连续编号的账簿。按照规定，总分类账、现金日记账和银行存款日记账必须使用订本账。

优点：可以避免账页散失，防止账页被抽换。

缺点：不能准确地为各账户预留账页。

（2）活页账

活页账是指在账簿登记完毕之前并不固定装订在一起，而是装在活页账夹中的账簿。各种明细账一般采用活页账形式。

优点：可以根据实际需要随时将空白账页装入账簿或抽去不需要的账页，并且便于分工记账。

缺点：如果管理不善，可能会造成账页散失或故意抽换账页。

（3）卡片账

卡片账是将账户所需格式印刷在硬卡上，由若干零散的、具有专门格式的硬纸卡组成的账簿。严格地说，卡片账也是一种活页账，只不过它不是装在活页账夹中，而是装在卡片箱内。其优缺点与活页账相同。在我国，卡片账一般适用于固定资产的明细账。

（二）会计账簿的格式和登记方法

按照用途的不同，会计账簿分为日记账、分类账和备查账。其中，备查账不是根据会计凭证登记的，也没有固定的格式，因此我们只向读者介绍日记账和分类账的格式和登记方法。

1. 日记账的格式和登记方法

日记账包括普通日记账和特种日记账，常见的特种日记账有现金日记账、银行存款日记账和转账日记账。普通日记账和转账日记账一般采用两栏式，由于它们很少使用，因此主要介绍现金日记账、银行存款日记账的格式和登记方法。

（1）现金日记账、银行存款日记账的格式有三栏式和多栏式两种。

①三栏式

在三栏式日记账中设"借方""贷方"和"余额"三个基本的金额栏目，一般将其分别称为"收入""支出"和"结余"三个基本栏目。在金额栏与摘要栏之间常常插入"对方科目"专栏。

②多栏式

在多栏式日记账中也包括三栏式中的三个栏目，其与三栏式日记账的区别是："对方科目"并不是设置在金额栏与摘要栏之间，而是设置在"收入（借方）""支出（贷方）"栏内。这种格式适用于收入、成本、费用类科目的明细核算。

（2）现金日记账、银行存款日记账的登记方法

①借贷方分设的多栏式现金日记账的登记方法是：先根据有关现金收入业务的记账凭证登记现金收入日记账，再根据有关现金支出业务的记账凭证登记现金支出日记账；最后在每日营业终了，根据现金支出日记账结计的支出合计数，一笔转入现金收入日记账的"支出合计"栏中，并结出当日余额。

②另外还需要掌握下列内容：

a.日期栏登记的是记账凭证的日期，即编制记账凭证的日期，而不是登记入账的日期。

b.要做到日清月结。"日清"的含义是：每日终了，应分别计算现金收入和付出的合计数并结出账面余额，同时将余额与出纳人员的库存现金核对；应分

别计算银行存款的收入和支出的合计数，计算出余额。"月结"的含义是：月终要计算出现金收、付和结存的合计数，计算出银行存款全月收入、支出的合计数。

2. 分类账的格式和登记方法

（1）总分类账的格式和登记方法

格式：总分类账最常用的格式为三栏式，设置借方、贷方和余额三个基本金额栏目，如图2-36所示。

登记方法：总分类账的登记方法取决于所采用的账务处理程序，它可以根据记账凭证逐笔登记，也可以根据经过汇总的科目汇总表或汇总记账凭证等进行登记。

总 分 类 账

会计科目编号　　1122
会计科目名称　　应收账款

2019年		凭证编号	摘　要	借方金额 亿千百十万千百十元角分	核对	贷方金额 亿千百十万千百十元角分	核对	借或贷	余　额 亿千百十万千百十元角分	核对
月	日									
8	01		期初余额					平	0 0 0	✓
8	31		1-31凭证汇总	7 1 9 0 0 0 0	✓	6 1 1 9 0 0 0	✓	借	1 0 7 1 0 0 0	✓
8	31		本月合计	7 1 9 0 0 0 0	✓	6 1 1 9 0 0 0	✓	借	1 0 7 1 0 0 0	✓

图2-36　总分类账

（2）明细分类账的格式和登记方法

格式：明细分类账的格式主要有三栏式、多栏式、数量金额式和横线登记式（或称平行式）四种。

①三栏式明细账设有借方、贷方和余额三个栏目，适用于只进行金额核算不进行数量核算的账户，如债权、债务等账户。

②多栏式明细账是将属于同一个总账科目的各个明细科目合并在一张账页上进行登记，适用于收入、成本、费用类科目的明细核算，如图2-37所示。

多 栏 式 明 细 账

科目　　管理费用

2019年		凭证编号	摘要	借　方	贷　方	借或贷	余　额	借方金额 01工资福利费	02办公费	03差旅费	04职工薪酬
月	日										
12	1		期初余额				0				
12	3	记004	报销业务费用	5 3 6 0 0 0		借			5 3 6 0 0 0		
12	5	记008	购买办公用品	1 6 8 3 0 0		借			1 6 8 3 0 0		
12	11	记010	图书费用	8 5 3 0 0		借			8 5 3 0 0		
12	20	记018	报销差旅费	6 8 3 6 0 0		借				6 8 3 6 0 0	
12	30	记080	计提工资	1 1 0 1 0 0 0 0		借					1 1 0 1 0 0 0 0
12	31		本月合计	1 2 4 8 3 2 0 0		借		5 3 6 0 0 0	2 5 3 6 0 0	6 8 3 6 0 0	1 1 0 1 0 0 0 0

图2-37　多栏式明细账

③数量金额式明细账的借方（收入）、贷方（发出）和余额（结存）都分别设有数量、单价和金额三个专栏，适用于既要进行金额核算又要进行数量核算的账户，如原材料、库存商品等。

④横线登记式明细账是采用横线登记，即将每一相关的业务登记在一行，从而可依据每一行各个栏目的登记是否齐全来判断该项业务的进展情况。该种明细账实际上也是一种多栏式明细账，适用于登记材料采购业务、应收票据和一次性备用金业务。

登记方法：不同类型经济业务的明细分类账可根据管理需要，依据记账凭证、原始凭证或汇总原始凭证逐日逐笔登记或定期登记。其中，固定资产、债权、债务等明细账应逐日逐笔登记；库存商品、原材料、产成品收发明细账以及收入、费用明细账可以逐笔登记，也可以定期汇总登记。需要说明的一点是，仓库保管员应依据原始凭证或汇总原始凭证登记库存商品、原材料、产成品收发明细账。

四 对账和结账

（一）对账的概念和内容

1. 对账的概念：对账就是核对账目，是指对账簿、账户记录所进行的核对工作。

2. 对账的内容：对账一般包括账证核对、账账核对、账实核对。

（1）账证核对：是指账簿记录与会计凭证之间的核对。

账证核对主要是核对会计账簿记录与原始凭证、记账凭证的时间、凭证字号、内容、金额等是否一致，记账方向是否相符。

（2）账账核对：核对不同会计账簿之间的账簿记录是否相符。

①总账有关账户的余额核对（通过对总账编制试算平衡表来完成）。资产类账户的余额应等于权益类账户的余额，或总账账户的借方期末余额合计数应与贷方期末余额合计数核对相符。

学堂点睛

在填制记账凭证和登记账簿过程中可能会发生一些并不影响平衡的错误，所以全部总账账户的期末余额的借贷方合计数相等并不能完全证明会计记录没有错误。因此，还必须进行其他方面的核对。

②总账与所属明细账核对。总账账户的期末余额应与所属明细账期末余额之和核对相符。

③总账与日记账核对。指的是期末余额的核对，即现金日记账和银行存款日记账期末余额应分别与现金、银行存款总分类账的期末余额核对相符。

④明细账之间的核对。指的是期末余额的核对，即会计部门各种财产物资明细账的期末余额与财产物资保管和使用部门有关明细账的期末余额应核对相符。

（3）账实核对：财产物资、债权债务等账面余额与实有数额之间的核对。

①现金日记账账面余额与库存现金数额是否相符。

②银行存款日记账账面余额与银行对账单的余额是否相符。

③各项财产物资明细账账面余额与财产物资的实有数额是否相符。

④有关债权债务明细账账面余额与对方单位的账面记录是否相符。

（二）结账的内容、程序和方法

1. 结账的内容

（1）结清各种损益类账户，并据以计算确定本期利润。

（2）结清各资产、负债和所有者权益账户，分别结出本期发生额合计和余额。

2. 结账的程序

（1）将本期发生的经济业务事项全部登记入账，并保证其正确性。

（2）根据权责发生制的要求，调整有关账项，合理确定本期应计的收入和应计的费用。

（3）将损益类科目转入"本年利润"科目，结平所有损益类科目。

（4）结算出资产、负债和所有者权益科目的本期发生额和余额，并结转下期。

3. 结账的方法

（1）对不需按月结计本期发生额的账户，每次记账以后都要随时结出余额，每月最后一笔余额即为月末余额。月末结账时，只需要在最后一笔经济业务事项记录之下通栏划单红线，不需要再结计一次余额。

（2）现金、银行存款日记账和需要按月结计发生额的收入、费用等明细账，每月结账时，要结出本月发生额和余额，在摘要栏内注明"本月合计"字样，并在下面通栏划单红线。

（3）需要结计本年累计发生额的某些明细账户，每月结账时，应在"本月合计"行下结出自年初起至本月末止的累计发生额，登记在月份发生额下面，在摘要栏内注明"本年累计"字样，并在下面通栏划单红线。需要注意的是，12月末的"本年累计"就是全年累计发生额，全年累计发生额下通栏划双红线。

（4）总账账户平时只需结出月末余额。而在年终结账时，需将所有总账账户结出全年发生额和年末余额，在摘要栏内注明"本年合计"字样，并在合计数下通栏划双红线。

（5）年度终了结账时，有余额的账户，要将其余额结转下年，并在摘要栏注明"结转下年"字样；在下一会计年度新建有关会计账户的第一行余额栏内填写上年结转的余额，并在摘要栏注明"上年结转"字样。

银 行 存 款 日 记 账　　　　　总 1 页　　第 1 页

2019年 月	日	凭证编号 种类	票号	摘要	对方科目	借方 亿千百十万千百十元角分	贷方 亿千百十万千百十元角分	借或贷	余额 亿千百十万千百十元角分	核对
5	1			期初金额				借	3 0 0 0 0 0	✓
5	2	记字03	略 略	购买办公用品	管理费用		2 0 0 0 0	借	2 8 0 0 0 0	✓
5	6	记字06	略 略	提取备用金	银行存款	1 0 0 0 0 0		借	3 8 0 0 0 0	✓
5	13	记字11	略 略	销售部王明预支差旅费	其他应收款		9 0 0 0 0	借	2 9 0 0 0 0	✓
5	21	记字15	略 略	收回王明退回差旅费余款	其他应收款	3 0 0 0 0		借	3 2 0 0 0 0	✓
5	31			本月合计		1 3 0 0 0 0	1 1 0 0 0 0	借	3 2 0 0 0 0	✓
12	31			本年累计		1 1 6 0 9 0 0 0	1 1 3 3 2 0 0 0	借	3 2 0 0 0 0	✓
				结转下年				借	3 2 0 0 0 0	✓

银 行 存 款 日 记 账　　　　　总 1 页　　第 1 页

2020年 月	日	凭证编号 种类	票号	摘要	对方科目	借方 亿千百十万千百十元角分	贷方 亿千百十万千百十元角分	借或贷	余额 亿千百十万千百十元角分	核对
1	1			上年结转				借	3 2 0 0 0 0	✓

图2-38　年度终了时结账

出纳必备的
实操业务技能

第三章

第一节 | 识别假币

一 假币的鉴别

出纳的职业特点决定其经常要与"钱"打交道，而随着科技的不断发展，假币也层出不穷，因此，如何辨别真假币就成了出纳的必修课之一。在工作中，出纳人员如果收到了假币而不能准确识别，那么本人就只能承担相应的赔偿责任。即便如今已是电子支付方式遍地开花的时代，但身为出纳人员，也必须要掌握鉴别假币的本领。

为了能够准确辨认出假币，出纳需要对真币的特征有所了解，即真币的防伪特征、纸张特点以及油墨使用等。识别假币一般需要经历一"看"、二"摸"、三"听"、四"测"四个步骤。下面，我们以2015年版的100元人民币为例来讲解这四个步骤。

（一）看

拿到一张钞票，我们首先肯定就是"看"，通过观察钞票的表面来验证是否满足真币的防伪特征。以下是"看"的具体内容：

1. 光变镂空开窗安全线

光变镂空开窗安全线位于票面正面右侧。垂直票面观察，安全线呈品红色；与票面成一定角度观察，安全线呈绿色；透光观察，可见安全线中正反交替排列的镂空文字"100"。

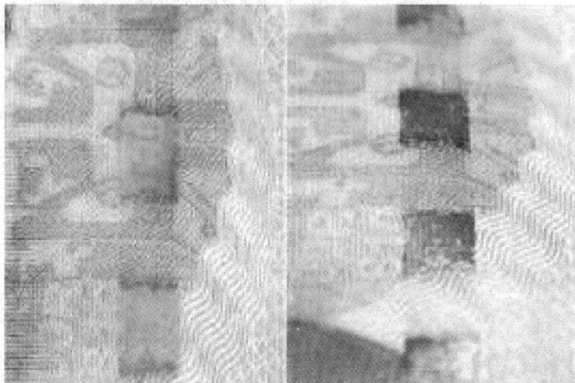

图3-1　2015年版100元人民币光变镂空开窗安全线

2. 光彩光变数字

光彩光变数字位于票面正面中部。垂直票面观察，数字以金色为主；平视观察，数字以绿色为主。随着观察角度的改变，数字颜色在金色和绿色之间交替变化，并可见到一条亮光带上下滚动。

图3-2　2015年版100元人民币光彩光变数字

3. 胶印对印图案

票面正面左下方和背面右下方均有面额数字"100"的局部图案。透光观察，正背面图案组成一个完整的面额数字"100"。

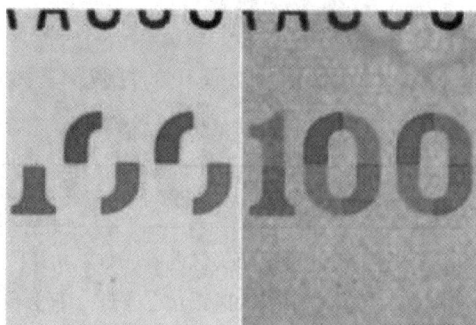

图3-3 2015年版100元人民币胶印对印图案

4. 横竖双号码

票面正面左下方采用横号码，其冠字和前两位数字为暗红色，后六位数字为黑色；右侧竖号码为蓝色。

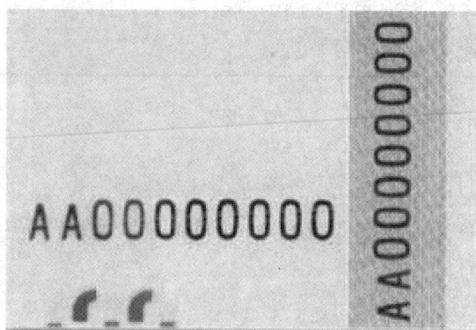

图3-4 2015年版100元人民币横竖双号码

5. 白水印

白水印位于票面正面横号码下方。透光观察，可以看到透光性很强的水印面额数字"100"。

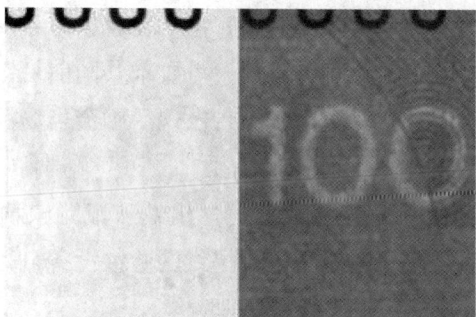

图3-5 2015年版100元人民币白水印

（二）摸

"摸"，即通过触摸人民币，辨别人民币的真假。具体内容见表3-1所示。

表3-1　人民币防伪特征

防伪特征	说明
凹凸感	若是真币，通过搓摸钞票正面头像的衣领处，可感受到凹凸感；搓摸钞票上部的国徽图案和"中国人民银行"字样、右上角面额数字、盲文及背面人民大会堂等地方，同样可感受到凹凸感，如果是假币，上述特征处的凹凸感则不明显
光洁度	若是真币，触摸起来手感光洁；若是假币，则触摸起来手感粗糙，且有的表面涂有蜡状物，手摸打滑
厚薄均匀度	若是真币，触摸起来手感厚薄均匀，具有韧性，不易撕裂；若是假币，则厚薄不匀，松软，容易撕裂

（三）听

"听"，即通过用力抖动或手指轻弹人民币，听其发出的声音来辨别真伪。若是真币，抖动或弹动的声音很清晰；若是假币，则声音发闷或者过分清脆。

（四）测

"测"，即通过专门的验钞机验证钞票的真伪。如果采用上述方法后均未发现假币迹象，但又对所收钞票真伪存在怀疑，此时可通过验钞机再次验证。

二　假币的处理

出纳人员在工作中难免会收到假币，出纳在收款时若发现假币，应当立即要求交款人更换，如果交款人坚持不换，可要求共同前往银行进行鉴别。如果出纳在向银行交付现金时支付假币，银行发现后则会当场没收，并向交款人开具没收收据。

出纳从银行取到假币应当怎么办呢？出纳从银行取款，同样应持谨慎态度，每次取款后，都要在现场使用银行提供的验钞设备自行重复检验，如果发现有假币，需立即通知银行工作人员处理。

学堂点 睛

误收假币，不应再次使用，应上缴当地银行或公安机关。根据《中华人民共和国人民币管理条例》和《中国人民银行假币收缴、鉴定管理办法》（2019年10月发布《中国人民银行货币鉴别及假币收缴、鉴定管理办法》，2020年4月1日起施行）规定，公安机关和人民银行有权没收假币，办理货币存取款和外币兑换业务的金融机构可以收缴假币，除以上单位，其他任何单位和个人均无权没收和收缴假币。

第二节　点钞机和保险柜的使用

一　点钞机的使用

（一）点钞机的功能

点钞机是一种自动清点钞票数目的机电一体化装置，一般带有伪钞识别功能，是集计数和辨伪钞票功能于一体的机器。点钞机的使用可以有效增加点钞的速度与正确性，利用点钞机，还可以对纸币的真伪进行甄别，也就是点钞机具备验钞的功能。现在市场上的点钞机主要是利用荧光、红外、穿透、安全线、磁性等对人民币进行鉴伪、计数和清分。

（二）点钞机的使用方法

点钞机通常由企业的出纳人员使用和保管，使用时，分为以下三个步骤：

1. 整理钞票

在使用点钞机前，首先应当将相同面额的钞票按照相同图案和方向排放整齐，清除钞票上的污染物并将残币抽出单独放置。

2. 开始点钞

整理好需点检的钞票后，打开点钞机，使其处于工作状态，接着取出点钞机前部的挡钞板，将钞票放入点钞机后部的验钞口，机器随即开始自动逐张进行检查。每检验出一张合格的纸币，机器的数显屏都会显示出已验证通过的纸币张数。

3. 再次清点

为了提高点钞的正确性，防止由于纸币褶皱造成误点等情况出现，对于已经检验完毕的纸币，还需要倒换为另一面再行点检。

学堂点睛

点钞机使用过久的话，机器内外都会积累一层灰尘，那么我们该如何去清洁呢？打开点钞机的盖子（用柔力瓣开即可），先清理驱动上的灰尘（驱动上积尘太多会拖慢过钞的速度）。接通电源开机后，用手指放在感应灯前面，驱动轮子就会不停转动，利用转动摩擦可以轻松清理驱动上的灰尘。然后清理鉴伪红外磁头，这个地方要经常清理，以防止灰尘蒙蔽住红外眼而导致验钞不准确。最后清理放钞板，因为钞票开始接触的地方就是放钞口，这里的灰尘是比较多的（有些点钞机的放钞板是不用拧开螺丝的，直接抽出来即可），清理完成后组装好点钞机就可以了。

虽说验钞机对钞票真伪的检验提供了可靠的保障，但为了安全起见，出纳人员对经手的钞票一定要反复识别，这样可以使自己的经验与验钞机器结合，更能正确无误地识别假币。另外，部分假币的制造足以以假乱真，验钞机可能无法检验识别；因此出纳人员必须清楚：验钞机毕竟是机器，只能对钞票识别起辅助作用，不能对它过于相信。

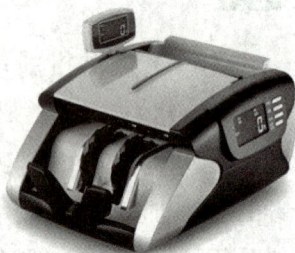

图3-6　点钞机的一般样式

二　保险柜的使用

（一）保险柜的分类

保险柜是一种特殊的容器。根据其功能主要分为防火保险柜、防盗保险柜、防磁保险柜、防火防磁保险柜和防火防盗保险柜等。保险柜适用于常温下的室内使用，在潮湿和有腐蚀性气体的环境中使用或在有阳光和紫外线的强烈照射的环境下使用，会使保险柜表面油漆龟裂、变色，塑料件变色、老化，表面生锈、氧化，电子元件性能不稳定，从而引起故障。

市面上的保险柜多为前两种。依据不同的密码工作原理，防盗保险柜又可分为机械保险柜和电子保险柜。早期的保险柜大部分都是机械保险柜。电子保险柜是将电子密码、IC卡等智能控制方式的电子锁应用到保险柜中，其特点是使用方便，特别是在宾馆中使用时，需经常更换密码，因此使用电子密码保险柜就会比较方便。

（二）保险柜的开启方法

1. 电子保险柜

初次开启电子保险柜时，用主钥匙右拧90度，接着插上应急钥匙左拧或右拧45度，再把手柄右拧90度，即可开门。或者先用主钥匙右拧90度，然后插上装有四节五号电池的应急电池盒，接着输入出厂码，看到显示"OPEN"时，将手柄右拧90度，即可开门。

以后每次使用时直接输入密码开锁即可。

图3-7 电子保险柜的一般样式　　　　图3-8 机械保险柜的一般样式

2. 机械保险柜

机械保险柜的使用方法相对于电子保险柜来说稍微要复杂一些，一般而言会设置三组密码，打开时应按照以下顺序进行：

（1）将密码盘顺时针方向至少旋转三圈以上，找到第一组密码并对齐刻度位置；

（2）逆时针方向旋转，找到第二组密码并对齐刻度位置（注意：全程不可回转，如错过第二组密码，需从第一步全部重新开始）；

（3）再次顺时针方向旋转，找到第三组密码并对齐刻度位置（同样不可回转）；

（4）三组密码对号完成后，将钥匙伸入锁孔内右旋开锁，扭动手柄外拉即可打开柜门。

第
三
节 | **印章和票据的保管**

微信扫一扫
免费看课程

一 印章的保管

表3–2　常用印章名称及内容

印章名称	内容
公章	公章是指机关、团体、企事业单位使用的印章。公章形状一般为圆形，不同机构或单位在具体细节上的规定有所不同。例如：有限责任公司公章直径为4厘米，股份有限公司公章直径为4.2厘米
财务专用章	财务专用章是各单位办理单位会计核算和银行结算业务时使用的专用章。会计中心为各单位统一刻制了冠有单位名称和"会计中心（序号）"字样的财务专用章，并经单位领导授权后使用
法人代表章	法人代表章是以法人代表的名字篆刻的印章
发票专用章	发票专用章是指用发票单位和个人按税务机关规定刻制的印章。印章印模里含有其公司单位名称、"发票专用章"字样、税务登记号，是在领购或开具发票时加盖的印章

（一）印章的保管要求

印章对企业而言很重要，在企业中，部分印章是由出纳人员保管的。出纳人员保管的印章主要有本企业的财务专用章、分管财务负责人的名章以及出纳经办人员的名章。出纳保管印章（印鉴）应遵循职责分离原则，其保管要求如下：

1. 不得将印章随意存放或带出企业使用；

2. 携带印章外出需要获得部门负责人或单位负责人批准；

3. 不得在空白凭证上加盖印章，如果确有需要在空白凭证上加盖印章，应该报相关负责人审批，并在空白凭证上注明"仅供（具体事项）使用"等限制性字样；

4．不得随意私自使用印章，不得擅自让他人代管、代盖印章；

5．银行预留印鉴必须分别保管；

6．企业名称变更或印章受损，需要更换相应印章时，应提前做好有关准备工作，确保及时更换银行预留印鉴和通知各有关单位；

7．财务印章如有丢失、毁损、被盗、误用情况，应立即书面逐级上报详细情况，并迅速采取补救措施。

（二）印章遗失的处理

如果出纳人员不小心遗失印章，应当按照以下程序进行补救，刻制新的印章：

1．到丢失所在地的派出所报案，领取报案证明；

2．持报案证明及相关资料在市级以上每日公开发行的报纸上做登报声明，声明公章作废；

3．自登报起公示3天后，持整张挂失报纸及相关资料到公安局治安管理科办理刻章许可证；

4．持公安局发放的刻章许可证到具有合法资质的刻章单位刻制新的印章。财务新印章启用后，财务部门应及时与行政部办理原有印章移交手续。

（三）印章的销毁

如果企业由于名称、法定代表人等变动而停止使用印章、印鉴，或由于印章、印鉴无法继续使用需要销毁时，应当由保管人员报单位领导审批，对相关印章、印鉴进行封存或销毁，然后办理新的印章、印鉴。

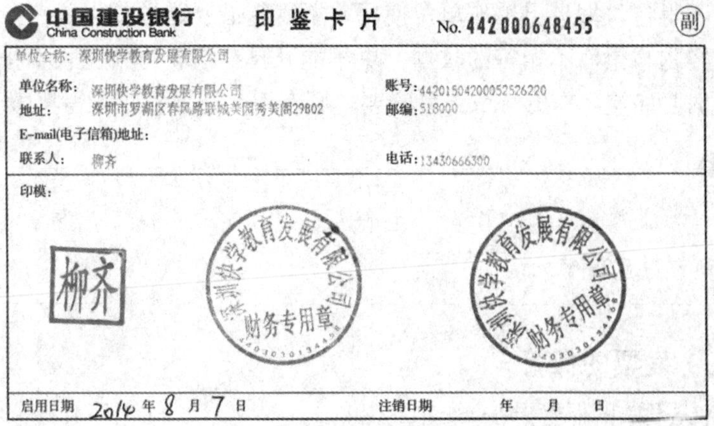
中国建设银行 China Construction Bank　印鉴卡片　No. 442000648455　副

单位全称：深圳快学教育发展有限公司

单位名称：深圳快学教育发展有限公司　账号：44201504200052526220

地址：深圳市罗湖区春风路联城美园秀美阁29802　邮编：518000

E-mail(电子信箱)地址：

联系人：柳齐　电话：13430666300

印模：

启用日期 2014 年 8 月 7 日　注销日期　年　月　日

图3-9　印鉴卡

学堂点 睛

印章和印鉴的区别：印章是指一个具体的物件，如企业的公章、财务专用章等。印鉴是指印章盖在纸上留下的图形，如企业到银行开户，就需要把单位的印章带到银行去留存印鉴。

二　票据的保管

对于一般企业而言，常见的票据一般有支票、收据、发票、汇票等。

（一）空白支票及空白收据的保管

支票是一种支付凭证，一旦填写有关内容并加盖与银行预留印鉴相符的印章后，即可成为直接从银行提取现金或与其他单位进行结算的凭证。所以，必须加强管理空白支票的使用，采取必要措施妥善保管，以免发生非法使用、盗用和遗失等情况，给国家和企业造成不必要的经济损失。

存有空白支票的企业，必须明确指定专人妥善保管。要贯彻票、印分管的原则，空白支票和印章不得由一人负责保管，这样可以明确责任，形成制约机制，防止舞弊行为。

空白收据是指未填制的收据。空白收据一经填制并加盖有关印鉴，即可成为办理转账结算和现金支付的一种书面证明，直接关系到资金结算的准确性、及时性和安全性，因此必须按规定加以保管和使用。

空白收据一般应由主管会计人员保管。要建立"空白收据登记簿"，填写领用日期、单位、起讫号码，并由领用人签字。收据用完后，要及时归还、核销。使用单位不得将收据带出工作单位使用，不得转借、赠送或买卖，不得弄虚作假或开具实物与票面不相符的收据，更不能开具存根联与其他联不符的收据。作废的收据要加盖"作废"章，各联要连同存根一起保管，不得撕毁、丢失。

学堂点 睛

支票和印鉴章一般应由会计主管人员或指定专人保管，支票和印鉴章必须由两人分别保管。

（二）发票的保管

1. 各类发票的保管方法

企业领回的空白发票，要设立专柜保管并指定专人负责，一般而言由企业的出纳或者会计人员来完成此项工作。

若是发票在使用过程中出现作废的情况，应作出如下处理：对由于开票人员工作失误或其他原因开错的发票，应当在发票上加盖"作废"戳记，重新开具发票，不得在开错的发票上涂改。开错的"作废"发票必须全部联次妥善保管，粘贴在原发票存根上，不得私自销毁，以备查核。对于政策调整或变化造成的作废发票，税务机关一般会规定一个过渡期，在过渡期内新旧发票可以同时使用，到期后，旧版发票应当在税务机关收缴完毕以后，指定专人集中保管，并登记清册，经办人员和负责人签字后，统一销毁。增值税专用发票的销毁须报经省税务局批准。

企业若将发票丢失，应当于发现丢失当日书面报告税务机关。丢失数量较多的或可能造成较重后果的，还要抄送到有关部门备查。一般纳税人丢失增值税专用发票应按照有关规定，在案发当日向当地公安机关和主管税务机关汇报。

用票企业和个人已使用过的发票的存根，也应妥善保管。在保管期限内，任何企业和个人都不得私自销毁。

学堂点睛

根据《国家税务总局关于公布取消一批税务证明事项以及废止和修改部分规章规范性文件的决定》（国家税务总局令第48号）规定，发票丢失后，取消登报要求，自2019年7月24日起施行。

2. 建立发票管理制度

发票管理制度涉及以下几个方面：

（1）专人保管制度。就是要视具体条件，全面实行发票的集中专人保管制度。要确定专人负责发票管理、领发等日常工作。税务机关及一切用票单位和个人均应按实际需要，设置专职发票管理员。建立严格的发票领发制度，并明确其工作职责，建立和实施严格的岗位责任考核制度，并且做到定期检查、奖罚兑现，充分调动他们的工作积极性。

（2）专库保管制度。就是要有专门的发票存放设施，确保发票的安全。各级税务机关要严格按照规定设立专门存储发票的仓库，并配备必要的防盗、防火、防霉烂毁损、防虫伤鼠咬、防丢失等安全措施。用票单位和个人也要配备专柜，并分门别类、按顺序号码堆放，要有利于存取和盘查。增值税专用发票的保管实行24小时双人值班制度。

（3）专账登记制度。就是要设立发票管理总账和明细分类账，对所有集中保管的发票登记入账，通过账、表反映发票印、领、用、存数量情况，并由购（领）人员签章，做到手续齐全、责任清晰以及账账相符、账表相符、账实相符。

（4）保管交接制度。发票保管人员调动工作岗位或因故离职时，均须将本人所管发票及领发登记簿在规定的期限内与接替人员办理交接手续，由有关人员进行实地监交，交接手续不清不得离职。在发生移交时，均应填制移交清册，由接替人员逐项核对、清点验收。对库存发票应根据"发票领发登记簿"结余数进行交接。实际库存数与登记簿结余数必须一致，不一致时，移交人员应限期查清。交接完毕后，由交接双方和监交人在移交清册上签名或盖章。用票单位和个人已使用过的发票存根，在保管期限内，任何单位和个人都不得私自销毁。

（5）定期盘点制度。各级税务机关及用票单位和个人应定期对库存未用的发票进行一次清点，以检查是否账实相符。省辖市税务局每月对增值税专用发票盘查一次，县（区）税务局每旬对增值税专用发票盘查一次，主管税务机关每天对增值税专用发票盘查一次。县（市）级税务机关至少每半年要对辖区内各基层税务机关及用票单位库存发票情况进行一次账实稽核工作。若有不符，应查明原因，及时作出处理。

（三）汇票的保管

现如今的承兑汇票大多数都是电子承兑汇票，这种情况管理起来比较方便，但是纸质承兑汇票就需要妥善保管了。公司对收到的纸质汇票应存入专用保险柜或指定银行。与有价证券一样，最好设置"承兑汇票登记表"，用以记录各承兑汇票的到期时间，可以清楚背书情况，审计检查时也方便提供该材料。

（四）有价证券的保管

有价证券，是指标有票面金额，用于证明持有人或该证券指定的特定主体对特定财产拥有所有权或债权的凭证。从本质上讲，可以把有价证券看成货币，所以在保管有价证券时，可以按照保管现金的方法进行处理。有价证券数量过多时，可以建立"有价证券保管登记簿"，以便于查看各种有价证券到期时间。

第
四
节

微信扫一扫
免费看课程

财务书写规范

一般的中文文字和阿拉伯数字书写不难，但是对于出纳人员来说，这些文字或数字可不仅仅是写正确那么简单。财务文字和数字的书写都有特别的用法和规定，出纳人员在填写相关票据或资料时，对于大小写数字、日期或会计符号等的书写应该严格按照相关规定执行。

一 大小写数字的书写规范

（一）大写数字

中文大写数字由数字和数位两部分构成。其中，数字包括零、壹、贰、叁、肆、伍、陆、柒、捌、玖，数位包括拾、佰、仟、万、亿、圆（元）、角、分、整（正）。在书写中文大写数字时，数字和数位一定要用规范字，不得自行造字或使用简写字来代替，例如不能用"〇、一、二、三、四、五、六、七、八、九"来代替大写金额数字，也不能用"毛"来代替"角"等。

（二）小写数字

小写数字即平时我们说的阿拉伯数字，出纳人员在书写小写数字时，应遵循以下规定：

1. 每个数字要大小匀称、笔画流畅、独立有形，不能连笔书写。

2. 每个数字尽量贴近底线书写，上端不可顶格，整个数字高度约占全格的1/2～2/3，并为更正错误数字预留位置。

3. 每个数字的排列要有序，数字和底线不是成90度直角，而是应该有一定的倾斜度，且各数字的倾斜度应当一致，一般要求为上端一律向右倾斜45度。

4. 应当按照从左至右、从上至下的顺序书写数字，且每个数字间的间隙应当保持一致。对于印有数位线的凭证、账簿、报表等，在填列数字时，也应当每一格填列一个数字，不得将几个数字填在一个格里，也不得在数字之间留有空格。

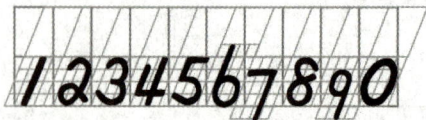

图3-10　阿拉伯数字手写体字样

二　日期的书写规范

（一）大写日期

根据《支付结算办法》的规定，票据的出票日期必须使用中文大写书写，《支付结算办法》中未明确规定的其他票据，可按票面提示书写（即可使用小写数字书写）。对日期的书写提出要求，是为了防止对票据的出票日期进行修改或变造。

一个准确的日期，通常由年份、月份和日数三部分组成。它们的书写要求参看表3-3所示。

表3-3　大写日期的书写规范

项目	书写要求
年份	年份应该按照公历习惯，以中文大写数字和"年"字完整书写，例如"2019年"应写为"贰零壹玖年"
月份	1．月份为1、2、10月的，在月份前应加写"零"字，例如"2月"应写为"零贰月"，"10月"应写为"零壹拾月"； 2．月份为3至9月的，按数字的中文发音规律书写，例如"5月"应写为"伍月"； 3．月份为11、12月的，按数字的中文发音规律，在第一个数字前加写"壹"字，例如"11月"应写为"壹拾壹月"
日数	1．日数为1至9以及10、20、30的，按数字的中文发音规律，在第一个数字前加写"零"字，例如"7日"应写为"零柒日"，"10日"应写为"零壹拾日"； 2．日数为11至19的，按数字的中文发音规律，在第一个数字前加写"壹"，例如"18日"应写为"壹拾捌日"； 3．日数为21至29、31日的，按数字的中文发音规律，直接书写，例如"28日"应写为"贰拾捌日"

学堂点睛

虽然《支付结算办法》仅对1、2、10月的写法作了明确的规定，但在实际工作中，很多财务人员以及银行柜员都已经习惯在1至9月的数字前加写"零"，因此可以认为这是一种约定俗成的做法。

例3-1 2019年10月13日和2019年12月8日，快学公司出纳分别需要填写一张现金支票。按照大写日期书写的一般要求，这两张支票中的日期中文大写应当如何书写？

学堂点拨

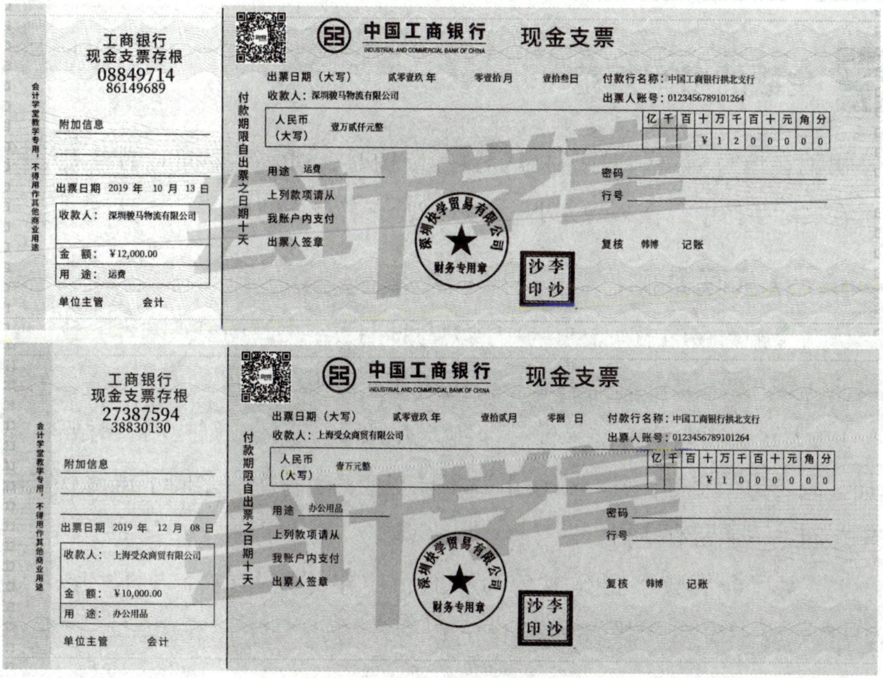

图3-11 现金支票

对于"2019年10月13日"的这张支票，由于其月份为10月，所以应在月份前加写"零"字，日数为13，应在第一个数字前加写"壹"字；对于"2019年12月8日"的这张支票，由于月份为12月，所以应在第一个数字前加写"壹"字，日数为8，应在其前加写"零"字。综上，"2019年10月13日"应书写为"贰零壹玖年零壹拾月壹拾叁日"；"2019年12月8日"应书写为"贰零壹玖年壹拾贰月零捌日"。

（二）小写日期

表3-4 小写日期的书写规范

项目	书写要求
年份	年份应当按照公历习惯，以阿拉伯数字和"年"字完整书写，例如"2019年"
月份	1. 月份为1至9月的，在月份前加写"0"，例如"04月"； 2. 月份为10至12月的，按正常数字书写，如"11月"
日数	1. 日数为1至9日的，在日数前加写"0"，例如"09日"； 2. 日数为10至31日的，按正常数字书写，例如"12日"

三 金额的书写规范

出纳在填写相关票据或财务资料的金额时，通常需要同时书写大小写金额；在实际工作中，在书写大小写金额时，有着严格的要求。

（一）大写金额

大写金额数字的书写要求与中文大写日期数字书写的要求基本一致，但还应满足一些其他要求，这些要求主要包括以下几项：

1. 大写金额数字前如果没有印制"人民币"字样，则在书写时要在前面添加"人民币"字样；且"人民币"字样与金额首位数字之间不得留有空格，数字之间也不能留有空格。

2. 大写金额数字到元或角为止的，应在"元"或者"角"字之后添加"整（或正）"字样；如果分位有金额的，在分后不必加写"整（或正）"字。

3. 阿拉伯数字金额中间有"0"时，大写金额要写"零"字；阿拉伯数字金额中间连续有几个"0"时，大写金额中可以只写一个"零"字；阿拉伯数字金额个位是"0"，或者个位以上数字中间连续有几个"0"，抑或个位是"0"但角位不是"0"时，大写金额可以只写一个"零"字，也可以不写"零"字。

4. 表示数字为拾几、拾几万时，大写金额前必须有"壹"字，例如"12万"应写为"壹拾贰万"。

（二）小写金额

小写金额是用阿拉伯数字来书写的，在书写小写金额时，应遵循以下要求：

1. 阿拉伯小写数字不得连写、分辨不清。小写数字应以个位数为起点，小数位保留两位。

2. 以元为单位的阿拉伯数字，除表示单价等特殊情况外，一律填写到角、分位，无角、分位的，角、分位可填写"00"或符号"—"；有角无分的，分位应填写"0"，而不应该用符号"—"代替。

3. 通常在写第一位小写金额数字时，应在其紧邻左侧书写封位符"￥"，表示这里是金额数字的起始点，从这里开始向右写第一位数字。

4. 使用封位符的金额数字尾部不再写"元"字，例如25.83元应写为"￥25.83"，而不是"￥25.83元"。

四 常用的会计书写符号

表3-5 常用的会计书写符号

书写符号	书写要求
￥	人民币符号，主要用于金额合计前，其相当于"元"字，即已在金额前写此符号的，金额后就不必再写"元"字，例如"￥100"表示的就是100元
√	表示已记账或已核对；主要书写于记账凭证金额的右侧或账页金额的右侧
#	表示编号的号码，例如"#15"表示某编号的第15个号码，常标记在原始凭证上，方便找到对应的记账凭证
△	表示复原，即恢复原来已经划去的内容。将原来书写的数字划红线更正或更改文字后，发现原来认为错误的其实是对的，则应恢复原来的记载，此时就可以在被划线的数字或被更改的文字下方用红墨水书写此符号，每个数字或文字下方写一个"△"，以示恢复
Σ	表示多笔数目的合计，即求总和，例如"Σ（1+2+3+4+5）=15"
@	表示单价，主要用于材料物资的记录
□	表示赤字。画长方形框，框住一笔数字，以代替用红墨水书写，这用于不能用红墨水书写的地方，大都用在书刊上
※	表示对某笔数字、文字另附说明

第五节 出纳工作用到的软件

微信扫一扫
免费看课程

一 Excel

身为出纳，用得最多的软件就是Excel了，无论是数据汇总还是数据处理、分析，我们一般情况下都优先使用Excel进行处理。

（一）出纳常用的Excel快捷键

表3-6　Excel中常用的快捷键

快捷键	功能
Ctrl＋A	全选
Ctrl＋C	复制
Ctrl＋X	剪切
Ctrl＋V	粘贴
Ctrl＋F	查找
Ctrl＋H	替换
Ctrl＋S	保存
Ctrl＋Z	撤销
Ctrl＋W	关闭工作簿
Ctrl＋O	打开工作簿
Ctrl＋P	打印
F4	单元格相对引用、绝对引用和混合引用切换
F12	另存为
Delete	删除选定单元格内容

（二）出纳常用的Excel的函数

表3-7　Excel中常用的函数

函数	功能
=SUM(单元格引用区域)	求指定区域的数值和
=AVERAGE(单元格引用区域)	求指定区域的平均值
=ABS(数字)	求绝对值
=INT(数字)	取整
=ROUND(数字,小数位数)	数字四舍五入
=DATEDIF(A2,TODAY(),"y")	根据出生年月计算年龄
=MIN(单元格引用区域)	求最小值
=MAX(单元格引用区域)	求最大值
=COUNT(单元格引用区域)	求个数
=TODAY()	今天的日期
=IF(COUNTIF(A:A,A2)>1,"重复","")	查询重复内容
=SUMIF(条件范围,要求,汇总区域)	对符合条件的数值求和
=VLOOKUP(要查找的值,要查找的区域,返回数据在查找区域的第几列数,精确/模糊查找)	查找/匹配

学堂点睛

Excel中常见的错误提示：

1. #DIV/0!：在公式中有除数为0，或者有除数为空白的单元格（Excel把空白单元格也当作0）。解决方法是把除数改为非零的数值，或者用IF函数进行控制。

2. #N/A：在公式使用查找功能的函数（VLOOKUP、HLOOKUP、LOOKUP等）时，找不到匹配的值。解决方法是检查被查找的值，使之的确存在于查找的数据表中的第一列。

3．#NAME?：在公式中使用了Excel无法识别的文本，例如函数的名称拼写错误，使用了没有被定义的区域或单元格名称，引用文本时没有加引号等。

4．#NUM!：当公式需要数字型参数时，我们却给了它一个非数字型参数，或给了公式一个无效的参数，以及公式返回的值太大或者太小。

5．#VALUE!：文本类型的数据参与了数值运算，函数参数的数值类型不正确。

二 财务软件中的出纳模块

（一）财务软件简介

财务软件种类繁多，大型企业常用的财务软件有国外的SAP、Oracle，国内的财务软件如用友、金蝶等是不少大中型企业的选择。而对于小型企业而言，诸如精斗云等财务软件也是很好的选择。从本质上来看，无论使用何种财务软件，最终都是为了服务于企业的管理。

财务软件主要立足于企业财务账目、企业资金账户、企业收支状况等方面的管理，用途明确，使用方法很简单。财务软件以图形化的管理界面，提问式的操作导航，打破了传统财务工作软件那种文字加数字的烦琐模式。

大型软件公司的财务软件一般都有相应的出纳模块，但是功能相对简单，实用性有所欠缺。对于企业来说，选择合适的软件才能最大程度地提高工作效率。

（二）出纳模块的基本功能

1．核算货币资金

核算现金日记账、现金盘点表、现金盘点与对账、银行日记账、银行对账单、银行存款余额调节表、银行存款对账等。

2．出具报表

包括资金日报表、资金月报表、银行存款余额调节表、各种分类统计表、现金收支流量表等。支持多种查询模式，并且可以直接导出为Excel报表。

3．管理工作

借款单管理、支票管理、汇票管理等诸多票据相关的管理工作，具有实行集中管理、联动操作、自动纠错等先进功能。

4. 导入导出

能够与Excel无缝链接，实现无须修改就可以直接导入系统，并可以从系统中导出，实现了所见即所得模式的报表输出。而且导入功能不仅可以导入Excel格式报表，也可以直接导入各种文本格式的报表。各种银行对账单的格式大多还是csv格式或者txt格式，这个功能对于实现银行存款账户自动对账和生成银行余额调节表来说非常重要。

5. 现金流的统计

在出纳模块中，用户不仅可以查看到整体的现金流量表，而且可以分现金或银行类账户查看；不仅可以按现金流量表项目查看现金的收支走向，而且可以根据不同的摘要、不同的对方科目、不同的核算项目、不同的经手人、不同的往来单位和不同的制单人等来分项统计。

（三）出纳模块初始使用步骤

虽然说不同软件具体的操作方法有所区别，但是大致的处理流程是相似的，掌握基本的思路及方法即可使用。出纳模块的初始使用步骤分为以下几方面：

1. 添加现金或银行账户并录入相关账户信息；

2. 录入期初数据（有期初则录入，无期初则无须录入）；

3. 设定收支类型；

4. 录入或导入现金银行流水明细，生成会计凭证；

5. 点击流水单号，设定科目和收支类型，生成会计凭证；

6. 按每个银行账户列示，将收支数据和账面数据进行比对，确保无错记、漏记交易业务。

第四章　库存现金实操业务

第一节　企业现金管理制度

微信扫一扫
免费看课程

　　快鞋公司是一个由小工厂慢慢发展起来的制鞋企业，建立之初是由老板自己来管理现金的收支，公司也没有任何现金管理制度。有时公司资金周转困难了，老板就用自己的钱来垫付；而老板急着用钱时也会随意动用公司的资金。随着公司慢慢地发展壮大，资金方面出现了一些问题。

　　第一，由于报销制度不规范，报销范围、金额因亲疏而有别，造成公司的经营支出与家庭或家族的私人支出划分不清。一方面公司负担了太多经营成本之外的成本，加重了公司的负担，影响公司的发展；另一方面，公司不能正确地核算出真正的经营成本和费用，不利于公司发现生产经营中存在的问题，并加以解决。

　　第二，现金管理制度不严格，往往管钱的人也管账，缺乏内控牵制，缺乏监督，盲目相信有亲戚关系的人，容易造成贪污及卷款逃跑事件。白条抵库现象严重，把公司的现金当成了自家的银行存款，一张借条就能提出几万甚至几十万的现金，不仅影响公司正常开展业务，而且一旦借款不能收回，则直接造成公司利益损失。

　　第三，缺乏资金预算制度，对资金的使用缺乏严格的限制及周密的安排，随意性较大，造成资金大量闲置或周转不灵。

　　很显然，一个企业没有完善的现金管理制度，就无法稳定快速地发展下去。为了解决诸如此类一直困扰着快鞋公司管理层的问题，公司管理层决定聘请专门的出纳，并参与制定相关的现金管理制度。

如果你被聘任为这个公司的出纳，你会在参与制定现金管理制度的会议上提出什么样的建议呢？

一 现金的范围

对于一般人而言，对现金最直观的认识就是生活中用于支付的现钞或硬币，将其应用于出纳岗位，现金无非就是存放在保险柜中的纸币或硬币。就出纳来讲，没有特别说明时，"现金"也就是普遍认知中的现金；但若就会计专业角度来看，现金就不仅仅是保险柜中的现金而已。

在会计上，现金有广义和狭义之分。狭义的现金仅仅指库存现金，即企业金库中存放的现金，包括纸币和硬币等；广义的现金包括库存现金、银行存款和其他货币资金三个部分。

学堂点睛

虽然在会计的角度现金有不同的解释，但就出纳岗位而言，若没有特别说明，现金通常指的是出纳人员保管的现金。

二 现金的管理制度

企业应依据《中华人民共和国现金管理暂行条例》并结合企业的实际情况来制定相应的现金管理制度。

（一）现金的使用范围

企业可以在以下范围内使用现金：

1. 职工工资、津贴；
2. 个人劳务报酬；
3. 根据国家规定颁发给个人的科学技术、文化艺术、体育等各种奖金；
4. 各种劳保、福利费用以及国家规定的对个人的其他支出；
5. 向个人收购农副产品和其他物资的价款；
6. 出差人员必须随身携带的差旅费；

7. 结算起点以下的零星支出；

8. 中国人民银行确定需要支付现金的其他支出。

学堂点晴

在使用范围内现金的结算起点为1 000元。超过1 000元现金限额的部分，应当以支票或者银行本票支付。确需支付现金的，经开户银行审核后，才能予以支付现金。

（二）现金的留存限额

现金留存的限额，是指为了保证企业日常零星开支的需要，允许企业留存现金的最高数额。这一限额由开户行根据企业的实际需要核定，一般按照企业3至5天日常零星开支所需确定；边远地区和交通不便地区的企业的库存现金限额，可按多于5天、但不得超过15天的日常零星开支的需要确定。

库存现金限额的核定具体程序为：

1. 开户单位与开户银行协商核定库存现金限额。

库存现金限额＝每日零星支出额×核定天数，每日零星支出额＝月（或季）平均现金支出额（不包括定期性的大额现金支出和不定期的大额现金支出）/月（或季）平均天数。

2. 开户单位填制"库存现金限额申请批准书"。

3. 开户单位将申请批准书报送单位主管部门，经主管部门签署意见，再报开户银行审查批准，开户单位凭开户银行批准的限额数作为库存现金限额。

库存现金限额经银行核定批准后，开户单位应当严格遵守，每日现金的结存数不得超过核定的限额。如库存现金不足限额时，可向银行提取现金，不得在未经开户银行准许的情况下坐支现金。库存现金限额一般每年核定一次，单位因生产和业务发展、变化需要增加或减少库存限额时，可向开户银行提出申请，经批准后方可进行调整，单位不得擅自超出核定限额增加库存现金。

企业留存的现金，其功能主要是"备用"，即将备存的现金用以各种符合要求的开支，所以备用金的管理是企业现金管理的重点。不同的企业都有适合该企业的一套备用金管理制度，它规定了备用金的范围、借用程序、金额、审批权限等，出纳需要将企业内部备用金的使用规定铭记于心。

（三）现金的收支

1. 企业每日的现金收入应当于当日送存开户银行。当日送存确有困难的，由开户银行确定送存时间。

2. 企业支付现金，可以从本单位库存现金限额中支付或者从开户银行提取，但不得从本单位的现金收入中直接支付（即坐支）。因特殊情况需要坐支现金的，应当事先报经开户银行审查批准，由开户银行核定坐支范围和限额。坐支单位应当定期向开户银行报送坐支金额和使用情况。

3. 企业从开户银行提取现金，应当写明用途，由本单位财会部门负责人签字盖章，经开户银行审核后，予以支付现金。

4. 企业只能在现金的使用范围内使用现金，因采购地点不固定，交通不便，生产或市场急需，抢险救灾以及其他特殊情况必须使用现金的，企业应当向开户银行提出申请，由本单位财会部门负责人签字盖章，经开户银行审核后，予以支付现金。

学堂点睛

坐支的相关规定：

坐支也不是一律禁止的。按照规定，企业、事业单位和机关、团体、部队因特殊需要确实需要坐支现金的，应事先向开户银行提出申请，说明申请坐支的理由、用途和每月预计坐支的金额，然后由开户银行根据有关规定进行审查，核定开户单位的坐支范围和坐支限额。按规定，企业可以在库存现金限额申请批准书内同时申请坐支，说明坐支的理由、用途和金额，报开户银行审查批准，也可以专门申请批准。

按照有关规定，允许坐支的范围主要包括：

1. 基层供销社、粮店、食品店、委托商店等销售兼营收购的单位，向个人收购支付的款项。

2. 邮局以汇兑收入款支付个人汇款。

3. 医院以收入款项退还病人的住院押金、伙食费及支付输血费等。

4. 饮食店等服务行业的营业找零款项等。

5. 其他有特殊情况而需要坐支的单位。

单位应严格按照开户银行核定的坐支范围和坐支限额坐支现金，不得超过该范围和限额，并在单位的现金账上如实加以反映。为便于开户银行监督开户单位的坐支情况，坐支单位应定期向银行报送坐支金额和使用情况。

（四）关于"三金"

"三金"分别指的是定金、订金和押金，这三者在诸多方面都有相似之处，而且在日常现金的管理当中经常都会涉及。

所谓定金，是指合同当事人为了确保合同的履行，依据法律规定或者当事人双方的约定，由当事人一方在合同订立时或者订立后履行前，按照合同标的额的一定比例（不超过20%），预先给付对方当事人的金钱或其替代物。当合同正常履行时，定金可充当部分价款或由交付方收回；当合同不能履行时，定金不能收回。

订金也属于金钱质的一种，目前没有明确的法律对订金加以规定，但订金在日常经济活动中却被广泛地采用。严格来说，订金只是一个习惯用语，而非法律概念。一般而言，订金的交付应当理解为预付款的交付，其目的不外乎解决收受订金的一方的资金周转短缺，从而增强其履约能力。其与定金最本质的区别在于，订金不具备债的担保性质，当合同不能履行时，订金可以收回。

押金也是金钱质的一种。具体来讲，押金是质押担保的一种特殊形式，即：押金是为了担保债务的履行，债务人或第三人将一定数额的金钱移交债权人占有，在债务人不履行合同时，债权人可以以债务人所交押金优先受偿；如债务人依约履行了债务，则其所交押金可以抵作价款或者收回。

第二节 库存现金收支业务的操作流程

微信扫一扫
免费看课程

一 资金收付的五项原则

合法收付、唱收唱付、收付两清、日清月结和账款分管，是资金收付的五大原则。在实际工作中，大量的工作差错和隐患的出现，都是没有严格执行这五项原则的后果，给单位和出纳造成了很多麻烦。

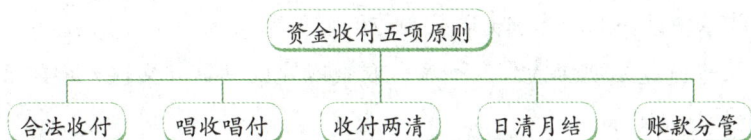

图4-1 资金收付的五项原则

（一）合法收付

形象地说，合法收付就是不要替犯罪分子存赃款。

出纳收到款项，一定要主动问询来源；支付款项，一定要通过凭证确认合法。为了防范可能存在的资金收付隐患，出纳应当确保所经手的业务可以通过证据证明其合法性，要拒绝接受以非法目的或者手段而发生的收付业务，杜绝违反相关法规和单位规章制度的收付行为。

（二）唱收唱付

这里所说的"唱"，当然不是指唱歌，而是指通过声音说出内容。

在实际工作中，出纳会经常发生资金的收入或者付出的行为，因此必须使交接双方都能够当面共同确认所接交的数额，以防事后隐患。

出纳收到款项时，应当在交款人面前清点后，立即报出所清点数额，并获得对方的确认；支付款项时，应当在交给收款人的同时，告知所交付的数额，并要求收款人当面清点，双方确认无误。交接双方当面报出数额并确认的过程，就是"唱收唱付"的过程。

比如，超市收银员在接收顾客交付的现金时，一般都会说"收您现金100元"，这句话的目的在于让顾客确认交给收银员的金额；而收银员给顾客找回零钱时，也会说"找您50元"。这个唱收唱付的过程，在制度上最大限度地避免了顾客与收银员之间可能发生的矛盾。

（三）收付两清

接收和交出款项，一般应由交接双方履行当面清点和签名的手续。收到钱，要制作收款凭证；付出钱，要取得付款凭证。这个过程就是收付两清。

接收方应当至少制作一式两联的收款凭证，分别交给接收人和交出人。收款凭证的制作如下：

1. 收款凭证应当写明：收付日期、摘要和金额。

2. 交接双方经办人一般应当分别在收款凭证上签名。

3. 收款凭证一般应当加盖收款单位的财务印章。

4. 某些行业无须交接双方签名，而是以凭证和款项交换完毕为准，比如购买火车票、电影票等。

例4-1 出纳人员好心帮经理报销，却被冤枉。

采购部李经理将3 000元的餐费发票交给出纳报销，李经理在报账单的"批准人"一栏签名后，出纳将现金交给了李经理。之后，出纳在"报销人"和"领款人"处写上了李经理的名字。年末审计，代签名的问题在审计中被发现。出纳虽然如实说明了当时的情况，但李经理却不承认领过这笔钱，甚至怀疑出纳贪污。

学堂点拨

案例表明，正是由于出纳没有严格执行收付两清的原则，忽视凭据意识，在付款时没有取得李经理收到款项的凭证，而是由出纳代签，才引发了对出纳的不利后果。

（四）日清月结

当天发生的收支业务，一定要在当天完成清点、登记、核对工作，不得拖延，以防错过了查错回忆的最佳时机。每月发生的收支业务，都要在最后一天结束后进行凭证整理和账目结算等收尾工作，使当月工作得以结算。这个每天清点、每月结算的过程，就是日清月结。

出纳不可心存侥幸，放松自己坚持执行日清月结制度的要求。大量的实践证明：麻烦在前面，省事在后面。而省事在前面，更多的麻烦可能就会在后面出现。

我们经常可以听到出纳的抱怨：出纳账款对不上了，把几个月的账都查了，可还是找不出原因。这类问题的发生存在着共同的原因，就是没有做好日清月结的工作，致使时间拖延较长，业务数据、账目积累较多，回忆出错的细节繁杂，纠错难度很大。解决之道只有一条，就是严格执行日清月结的规定，把每次可能发生的错误隐患消灭在当天。

例4-2 钱比账多了，怎么办？

金马商贸公司小吴入职做出纳两个月了，在结算的时候发现钱多出来437.96元，他不知道该怎么办。这时有人说："首先看看有没有漏记的凭证，就是说有没有437.96元的业务发生了，没有及时入账。其次，如果没有，建议进行逐笔业务核对。"还有人说："自己把钱拿走。"更有人说："多了比少了好。"钱比账多，小吴到底该怎么做呢？

学堂点拨

根据案例的描述，小吴应该没有执行日清月结的原则，至少没有在一个月终了后及时结算。将多出来的钱拿走，有违会计从业人员的职业道德；而认为多了比少了好的意见，有侥幸的成分，出纳工作的经验说明逢多必少。如果小吴能够坚持日清月结，就能及时发现问题，找出其中的原因。

例4-3 钱比账少了，怎么办？

浩博电子出纳小丽9月发现钱比账少了1 000元，有人说："如果出错的金额较小，比如20元，查对起来，就相当麻烦。金额越大，反而查起来越容易，回忆起来也比较容易。"也有人建议："仔细检查凭证是不是齐全，日记账和上月盘点后凭证的金额是否一致。有时可能会出现钱已付但凭证还没写的情况，或者凭证放置得比较随意，亦或者没有记账等情况，都需要仔细全面地回忆及检查。自查仍然找不出原因的话，一般就只能由出纳补齐了。"

因此，钱比账少，小丽该怎么办呢？

学堂点拨

所谓查找错账的原因，其实就是将所有涉及统计核算周期内的原始凭证、收付款凭证、现金和银行存款账、记账凭证、银行对账单等基础资料进行全面的复核。

例4-4 福汇超市的出纳发现钱比账多了0.2元，经核实是顾客不要了，账务处理怎么做？

有人说：发现钱多了，先计入待处理财产损溢。

借：库存现金　　　　　　　　　　　　　　　　　　　0.20
　　贷：待处理财产损溢　　　　　　　　　　　　　　　0.20

已查明钱多的原因且无法退回，在报告上级并获准后，计入营业外收入。

借：待处理财产损溢　　　　　　　　　　　　　　　　0.20
　　贷：营业外收入　　　　　　　　　　　　　　　　　0.20

针对盘盈问题的处理，上述案例分别从出纳和会计的角度做出了回答。在实际工作中，确实难免会出现出纳少付或者是收款人少收的情况，从表面上看并没有发生损失，但根据"逢多必少"的基本原则，隐藏在"多"背后的"少"却是令人不安的。

无论盘盈还是盘亏，出纳只要坚持日清月结，就可以在出现问题的时候，尽早地进行查对，这对于回忆业务发展过程也是非常有利的。

（五）账款分管

为了能够清晰地反映资金使用和管理情况，特别是使管钱的人能够为自己摆脱可能的嫌疑，在财务工作中，应当切实执行"管钱的不管账，管账的不管钱"的账款分管原则。账款分管是会计法规的基本要求，指的是会计登记、核算的账目和出纳掌管的资金，必须分别管理，不得合二为一。这里的"账"，不是出纳登记的现金日记账和银行存款账，而是会计的账目。

会计人员负有监督出纳工作的责任，出纳应当正确理解会计履行监督职能的意义，主动、定期地与会计人员核对现金日记账和银行存款账，接受监督，而不是将这种监督视为对自己的不信任，甚至不配合监督检查工作。

二 现金收付的操作流程

在日常的企业生产经营过程当中，现金的收款和付款都有一套完整的流程步骤，而收款和付款的流程步骤又是存在区别的。

（一）现金收入的操作流程

现金收入的业务主要包括两种，分别是直接收款和间接收款。直接收款是指交款人直接持现金到出纳部门交款，出纳人员根据有关收款凭证办理收款事宜；而间接收款是收款员、营业员收款后再交给出纳人员的方式。

当现金收入是直接收款方式时，如购货单位交付货款、职工交来欠款等，出纳人员应按以下程序办理收款业务：

1. 受理收款业务，对于由其他人员填开的现金收入凭证，应先进行审核，查看其业务内容是否完整、真实、准确，然后再审核现金收入来源是否合法合理、手续是否齐全。

2．与付款人当面清点现金，保证收款依据和收款金额一致。

3．清点无误后，开具收款凭据，并在凭据上加盖"现金收讫"章。

4．根据收款收据记账联和收款依据（如劳务清单等）编制记账凭证。

5．根据审核无误的记账凭证登记现金日记账。

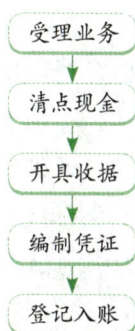

受理业务

↓

清点现金

↓

开具收据

↓

编制凭证

↓

登记入账

图4-2 现金收入业务的一般操作流程

学堂点睛

出纳人员在进行现金收入管理时，应掌握一定的方法，按照基本的规定办理现金收款业务，主要原则包括：

1．单位任何人员不得瞒报、少报、误报收入，采取的主要防范措施有：

（1）部门经理负责制，即销售或劳务收入由业务部负责人统一监控，非经营性收入由各部门负责人监控。

（2）收入凭证由专人保管开具。凡是涉及现金收入的凭证，如发票、内部收据，一律由出纳人员或专人负责开具及保管，定期盘点核实，保证收款与开出凭证的金额一致，严禁开具大头小尾的收入凭证。

（3）账实核对。凡涉及商品销售的，所有库存商品的发出必须与相应的收入或其他用途相对应；凡涉及实物增减的，也应与相应的去向相符合。

2．出纳工作一般按时间分阶段进行处理和总结，因此出纳人员在了解资金收支的一般程序和账务处理之后，要对工作有个时间概念，以保证出纳业务得到及时处理，出纳信息得到及时反映。

（二）现金支出的操作流程

出纳人员办理现金支出业务时，其依据主要是发票、非经营性收据、往来收据以及内部结算使用的工资表、借款审批单等。出纳人员应当按照原始凭证的审查要求，仔细复核，并按规定程序办理支出事宜。具体程序如下：

1. 受理付款业务。出纳人员在取得付款依据后，应按规定进行审核。对于出纳人员直接经办的业务，如现金汇款等，还需要填制原始凭证并补齐手续。

2. 确定支付金额。出纳人员对于定期以及不定期大额现金支出，都应当做到心中有数，提前准备好充足的现金用以支付；每天工作开始时，应检查现金余额，不足部分应及时从开户银行提取；对于确实不足以全额支付的业务，应约好时间一次性支付，不得分次支付，避免责任不清、程序错乱。

受理业务
↓
确认金额
↓
支付现金
↓
编制凭证
↓
登记入账

图4-3 现金支出业务的一般操作流程

3. 根据审核无误的单据支付现金。根据审核无误的原始单据办理现金支付时，出纳人员应进行复点，并要求收款人当面点清、当面确认。如果是由收款人直接领取现金的，由其本人签收；如果是他人代为领款的，应在得到当事人的确认后，方可由代领人签收，并注明"XX代XX领款"字样，以明确双方责任。

4. 付款完毕后，在审核无误的原始凭证上加盖"现金付讫"印章，据以编制记账凭证。

5. 根据审核的记账凭证登记现金日记账。

学堂点睛

出纳人员必须以严肃认真的态度处理现金支出业务，因为支出一旦发生失误，将会给单位造成难以追补的经济损失。现金支出的原则主要包括：

1. 现金支出的合法性。出纳人员必须以内容真实、准确、合法的付款凭证为依据，在付款前，其付款手续必须完备，即有关领导已经签字或已审核无误。

2. 现金支出手续的完备性。出纳人员应按规定的程序审核并办理现金支付手续，做到支付凭证合法、审批手续齐全有效、支付事项当面结清、账务处理正确合理。

3. 不得套取现金用于支付。套取现金是指为了逃避开户银行对现金的管理，采用不正当的手段弄虚作假、支出现金的违法行为，主要有以下几种形式：

（1）编造合理用途（如以差旅费、备用金的名义）超限额支取现金的行为。

（2）利用私人或其他单位的账户支取现金的行为。

（3）将公款转存个人储蓄的行为。

（4）用转账方式通过银行或邮局汇兑、异地支取现金。

（5）用转账凭证换取现金。

（6）虚报冒领工资、奖金和津贴补助。

（三）现金进账单、收据与现金支票的填写

1. 进账单的填写

企业在与外单位业务交往中，由于一些特殊原因，可能无法使用银行账户进行货款结算，此时就可能涉及大额的现金收支。出纳在收到外单位的现金时，应当填写现金进账单。现金进账单主要是针对某项合同业务而言的，所以需要填写的项目也与合同的事项相关。

进账单主要包括收款人、进账部门、付款人、合同编号、进账人签字、摘要和金额等要素，样式如图4-4所示。

现 金 进 账 单

年　月　日　　　　单据编号：

收款人											进账人签字
进账部门		付款人									
合同编号		摘要									
金额	人民币（大写）		佰	十万	仟	佰	十	元	角	分	经手人

图4-4　现金进账单

例4-5 2019年3月11日，兴隆公司出纳刘芳收到销售部经理王明交来的一项销售合同的货款，现金合计30 000元。已知该笔合同的编号为20190301，对方单位为多彩装饰有限公司，该笔收入算作销售部门的部门收入。对于这笔现金收入，应如何填写现金进账单？

学堂点拨

出纳应根据现金进账单的填列方法和此笔业务的相关资料来对现金进账单进行填列，填列完后检查填列内容是否相符。首先，现金进账单中的"日期"应该是出纳刘芳实际收到这笔现金的日期；然后，"合同编号""付款人"和"摘要"直接按照合同上列明的内容进行填列即可，由

于该笔收入是销售部门的部门收入，所以"进账部门"应为"销售部"；接着，最重要的金额就是按照实际收到的金额30 000元来填列；最后，填列完成还需要进账人和经手人签字。填列完整的现金进账单如图4-5所示。

现 金 进 账 单

2019年 03 月 11 日   单据编号：   200305

收款人		刘芳										进账人签字
进账部门	销售部	付款人	多彩装饰有限公司									王明
合同编号	20190301	摘要	销售货款									
金额	人民币（大写）	叁万元整	佰	十万	仟	佰	十元	角	分			经手人
			￥	3	0	0	0	0	0	0		刘芳

图4-5 填列完整的现金进账单

2. 收据

（1）收据的填写

收据是一个企业经营成果的直接体现，是企业财富增加的象征，是企业再生产的一个重要起点。收据一般可以分成两类，一类是货币资金收据，另一类是非货币资金的收据，这里主要介绍货币资金的收据。收据一般都事先编好了号码，每个编号都有一式三联，用不同的颜色来区分：第一联为存根联，开票单位自留备查；第二联是收据联，作为给付款人的凭证；第三联为记账联，用于开票单位的会计记账。

货币资金的收据有收款单位、交款单位、出据日期、金额和事由等要素。收据的具体样式如图4-6所示。

收 OFFICIAL RECEIPT 据

凭证号码 № 000001

出据日期：   年 月 日

兹收到 RECEIVED FROM		①存根（白）②顾客（红）③记账（黄）
交 来 BEING IN PAYMENT		
人民币（金额大写）CURRENCY(IN WORDS)	佰 拾 万 仟 佰 拾 元 角 分 ￥	

经手人： Handler   收款人： Payee   会计： Accountant   收款单位： Payee of monad

图4-6 收据

例4-6 2019年3月12日，兴隆公司出纳刘芳收到员工王明因无故旷工交纳的罚款200元。当日，刘芳收到现金后填写了一张收据，这张收据应该如何填写呢？

学堂点拨

当出纳刘芳收到200元时应询问该笔款项的用途，获知是罚款后，填写一张收款收据。收据中的"出据日期"应填写实际收到现金的日期，"交款单位"为付款人王明，"事由"为旷工罚款，"金额"按实际收到金额填列，填写完后签字，并加盖"现金收讫"章，将收据的第二联收据联交给王明。填列完整的收据如图4-7所示。

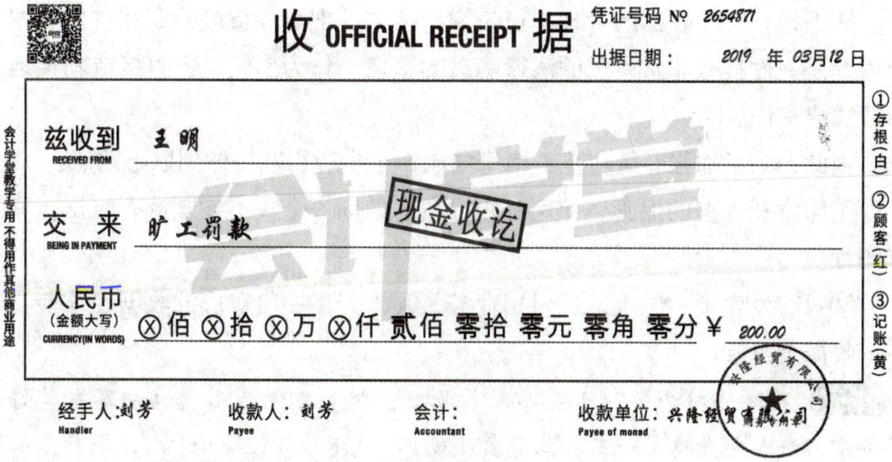

图4-7 填列完整的收据

（2）收据的管理

收据很容易买到，在日常工作中使用较为普遍，但加盖了印章的收据才具有证据效力。因此，千万不能小看收据，而应当参照发票和现金的管理对收据进行严格管理。

收据是企事业单位暂时收取或付出款项时的内部凭证，但与发票具有部分类似的功能。因此，在使用时要注意：

①票据尚未撕下

填写时发生错误，但尚未将票据撕下，可以在出现错误的收据各联次分别加盖"作废"印章后，另行填写。

②票据已经撕下

票据撕下后发现错填、取消或被退回，不得销毁，应当将已经撕下的相同内容的全部票据收回，粘贴在收据本中相同内容的存根联后面，并分别加盖"作废"印章。

③及时修改记录

收据的使用发生错填、取消或退回等失效情形时，要及时修改相关的数据记录。

当整本收据使用完毕时，应当根据相关规定，与其管理人员进行交接、核验、登记，并以旧换新，完整存档。

我们常见到一些单位的业务人员拿着一本甚至几本盖好章的收据处理业务。殊不知，对于收据的管理单位来说，事先就把财务章或公章在空白收据上都盖好是一件具有非常严重的法律隐患的事情。作为出纳，也直接或间接地承担着法律责任。

因此，为了加强有效防范，堵塞漏洞，至少应当坚持做到以下两点：

①印章和收据的保管、使用必须分离，即同一个人不能既持有收据，又持有印章。

②只有发生了一笔收入或付出业务，才能开出一份对应的收据，才能在这一份收据上盖章。

例4-7 兴隆公司为了便于业务人员收款，将整本的空白收据都事先盖好了财务章，每人随身携带一本。业务员小胡因欠债8 000元无力偿还，便在盖有兴隆公司财务章的空白收据上写下：今收到XXX（债主的姓名）借给兴隆公司的现金100 000元，3天内归还，收款人是小胡签的名。后来，小胡消失了，但这张收据却变成了债主向兴隆公司追讨债务的证据，公司也只好先行承担连带责任。

学堂点拨

加盖了单位公章或者财务章的任何空白纸面都有可能被他人恶意利用。有些单位确实存在着类似的习惯，建议应加以改进，以免给出纳、企业造成无穷后患。

3. 现金支票的填写

现金支票是存款人用以向银行提取或支付给收款人现金的一种支票。在银行开立基本存款账户或临时存款账户的客户，需要支用工资、差旅费、备用金等款项时，均可以使用现金支票，向开户银行提取现金。现金支票没有金额起点的限制，能够满足开户单位和个人现金开支的需要，且现金支票只能支取现金，不得用于转账，同时现金支票不能背书转让。

现金支票的正面是其主体部分，用于记载支票使用的主要信息；背面是支票使用信息的补充，用于填写附加信息。现金支票的正面分为左右两部分，左部为存根联，右部为支付联。现金支票正面如图4-8所示，背面如图4-9所示。

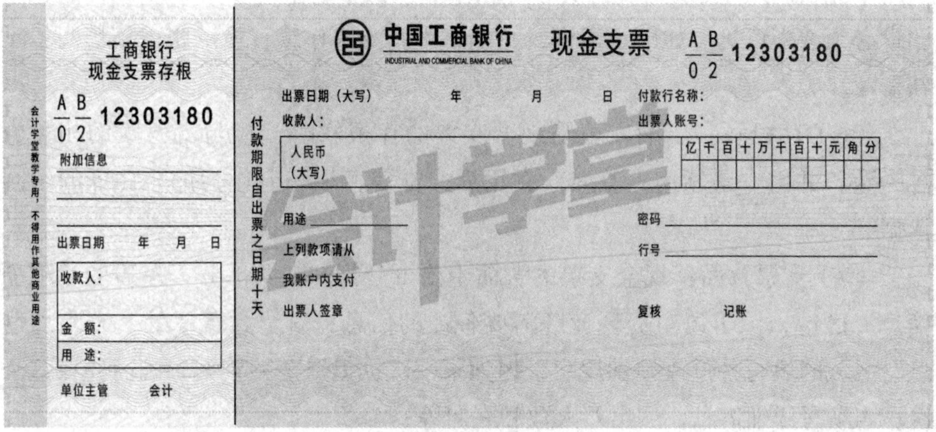
工商银行
现金支票存根
会计学堂教学专用，不得用作其他商业用途
AB/02 12303180
附加信息
出票日期 年 月 日
收款人：
金 额：
用 途：
单位主管 会计

中国工商银行 INDUSTRIAL AND COMMERCIAL BANK OF CHINA 现金支票 AB/02 12303180
付款期限自出票之日期十天
出票日期（大写） 年 月 日 付款行名称：
收款人： 出票人账号：
人民币（大写） 亿 千 百 十 万 千 百 十 元 角 分
用途 密码
上列款项请从 行号
我账户内支付
出票人签章 复核 记账

图4-8 现金支票正面

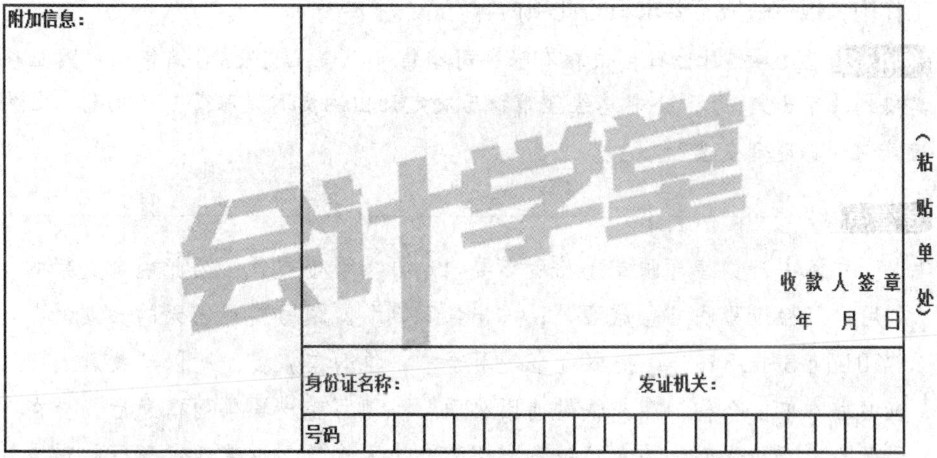
附加信息：
收款人签章
年 月 日
（粘贴单处）
身份证名称： 发证机关：
号码

图4-9 现金支票背面

关于支票的填写：

（1）出票日期：数字必须大写，大写数字写法为零、壹、贰、叁、肆、伍、陆、柒、捌、玖、拾。

（2）收款人：收款人应当填写本单位的全称，不得填写简称。

（3）人民币（大写）：金额为大写，元、角字后面可加"整"字，但不能写"零分"。"整"字可以写成"正"字。

（4）用途：现金支票有一定限制，一般填写"备用金""差旅费""工资""劳务费"等。

（5）盖章：支票正面盖财务专用章和法人章，缺一不可，印泥为红色，印章必须清晰可见。如印章模糊，只能将本张支票作废，换一张重新填写、重新盖章。

（6）存根联：出纳在填写现金支票的存根联时，应与支付联的相关内容一致，并由支票领用人签名。领用后，支票存根联应作为记账凭证的编制依据。

（7）支票背面：现金支票的背面主要可分为左右两部分，左边的"附加信息"区域，用于填写提现业务需要备注的信息；右边为盖章处。"附加信息"区域的填写并没有硬性规定，但如果一次性提取金额较大，则需要在这个区域内填写详细信息，如出差人数和去向等。

另外，在现金支票背面的底部有提现经办人身份信息的填列区域。在实际工作中，银行一般不要求填写此项内容。

例4-8 2019年3月13日，快鞋有限公司销售部经理王明及5名销售人员因业务需要到北京出差7天，公司总经理审批后决定让出纳提取差旅费30 000元。出纳应如何开具现金支票？

学堂点拨

本例中，销售部预支差旅费需要出纳开具现金支票，因此现金支票的"用途"栏应写明"差旅费"；"出票日期"应填写提现当天的日期，即"2019年3月13日"；提取现金是用于本单位的差旅费，所以"收款人"应填写本单位全称，即"快鞋有限公司"。填写完支票票面信息后，应在票面的正面和背面加盖单位财务专用章和个人名章。该笔业务开具的现金支票如图4-10所示。

图4-10 现金支票的填写

微信扫一扫
免费看课程

第三节 库存现金收支业务的账务处理

一 现金收入业务的账务处理

现金收入按性质可以分为业务收入、非业务收入、预收现金款项和其他现金款项收入四类。

（一）业务收入

业务收入通常指营业收入，包括主营业务收入和其他业务收入。

例4-9 兴隆公司销售商品收到现金4 746元，其中增值税546元，请编制会计分录。

学堂点拨

借：库存现金	4 746
贷：主营业务收入	4 200
应交税费——应交增值税（销项税额）	546

例4-10 兴隆公司出租包装物，收到租金1 000元现金，请编制会计分录。

学堂点拨

借：库存现金		1 000
贷：其他业务收入		1 000

当以现金的方式收到营业收入的时候，企业的现金增加，相应的营业收入也会增加，所以应该借记"库存现金"科目，贷记"主营业务收入"或"其他业务收入"科目。如果存在增值税，也应贷记"应交税费"科目。

（二）非业务收入

非业务收入通常包括企业或单位的投资收入、营业外收入、事业单位的其他收入等。

例4-11 兴隆公司将一台残值800元的报废设备出售，收到现金1 000元，请编制会计分录。

学堂点拨

借：库存现金		1 000
贷：固定资产清理		800
营业外收入——处置固定资产净收益		200

企业出售报废的设备收到现金时，企业的现金增加，所以应借记"库存现金"科目；相应的资产设备会减少，贷记"固定资产清理"，由于卖废品收入不属于日常业务活动的收入，所以会造成"营业外收入"的增加。

（三）预收现金款项

预收现金款项是指企事业单位按照合同规定预收的货款、定金等。

例4-12 兴隆公司销售商品收到预收款2 000元，请编制会计分录。

学堂点拨

借：库存现金		2 000
贷：预收账款		2 000

企业收到预收款会造成现金的增加，并且相应的负债预收账款也会增加，所以应借记"库存现金"，贷记"预收账款"。

（四）其他现金款项收入

例4-13 兴隆公司收到员工退回多余的差旅费300元，请编制会计分录。

学堂点拨

借：库存现金 300
　　贷：其他应收款 300

员工退回多余的差旅费，库存现金会增加，在预支差旅费时借记的是"其他应收款"科目，所以退回现金时，应贷记"其他应收款"科目。

对于以上收入的业务，当收到现金时，应按规定编制现金收款凭证，借方科目为"库存现金"，贷方科目根据收入现金的性质和会计制度来确定。

二 现金支出业务的账务处理

现金支出可以分为四类：备用金，差旅费的预支和报销，预付现金，向有关人员支付工资、劳务费或非工资性资金等。

（一）备用金

备用金是指付给单位内部各部门或工作人员用作零星开支、零星采购、售货找零或差旅费等用途的款项。

例4-14 兴隆公司对行政部门采用备用金制度，行政部门购买办公用品预借备用金800元，请编制会计分录。

学堂点拨

借：其他应收款 800
　　贷：库存现金 800

企业向行政部预支备用金，会造成现金的减少，而预支的备用金应计入"其他应收款"科目核算。

（二）差旅费的预支和报销

例4-15 兴隆公司采购部门2人至北京出差，出差前预支了差旅费2 000元，出差归来后根据相关发票报销，比预支的差旅费还多出报销款200元，请编制会计分录。

学堂点拨

借：其他应收款	2 000
贷：库存现金	2 000
借：管理费用	2 200
贷：库存现金	200
其他应收款	2 000

预付差旅费的做账方法与备用金的相同，而关于差旅费的报销，由于差旅费的实际费用比预支费用多，所以还应支付相应的现金给出差人员，因此贷记"库存现金"，并将之前计入的"其他应收款"冲销，将全部的差旅费计入相应的科目中，借记"管理费用"科目。

（三）预付现金

预付现金指各单位因业务需要用现金而向有关单位预付有关款项，包括按供货合同规定预付的货款、预付的书报费等。

例4-16 兴隆公司向外采购一批货物时，根据采购合同需支付1 000元的预付款，用现金支付了这部分款项，请编制会计分录。

学堂点拨

借：预付账款	1 000
贷：库存现金	1 000

企业支付预付款会造成现金的减少，并且相应的资产预付账款会增加，所以应借记"预付账款"，贷记"库存现金"。

（四）向有关人员支付工资、劳务费或非工资性资金等

例4-17 兴隆公司用现金支付员工过节费3 000元，请编制会计分录。

学堂点拨

借：应付职工薪酬	3 000
贷：库存现金	3 000

企业支付福利费时，企业库存现金减少，应贷记"库存现金"，相应的负债减少，应借记"应付职工薪酬"。

三 记账凭证的编制

记账凭证又称为分录凭证，它是由会计部门根据审核无误的原始凭证编制的，用来确定会计分录，作为记账的直接依据的一种会计凭证。有些会计事项如更正错账、调整账项和结账等，无法取得原始凭证，也可以根据有关账簿中的数据资料编制记账凭证。

因为原始凭证的来源渠道不一，其种类和格式多种多样，难以统一，直接根据这些原始凭证登记账簿很不方便，而且容易发生差错。所以在记账之前，一般应先将各种原始凭证加以整理和归类，然后再编制记账凭证。在记账凭证中，填写摘要说明，并将原始凭证作为记账凭证的附件，这样做既便于记账，又可以防止差错，保证了账簿记录的正确性。

（一）专用凭证

在原始凭证上记载的经济业务，可以归纳为以下两种类型：一类是收款和付款业务，即直接涉及货币资金（现金或银行存款）增减变动的经济业务，例如用现金购买办公用品，以银行存款偿还应付购货款等；另一类是转账业务，即不涉及货币资金增减变动的其他经济业务，例如领用材料、结转产品成本等。为了便于识别经济业务的性质，便于分类登记各种账簿，记账凭证按上述经济业务的类别分成收款凭证、付款凭证和转账凭证三种形式。

收款凭证是用于记录现金和银行存款收入业务的记账凭证；付款凭证是用于记录现金和银行存款付出业务的记账凭证；转账凭证是用于记录不涉及现金和银行存款收付的其他经济业务的记账凭证，即用于记录转账业务的记账凭证。收款凭证和付款凭证分别如图4-11和图4-12所示。

收 款 凭 证

现收字第 015 号

借方科目：库存现金　　2019 年 05 月 21 日

摘　　要	总账科目	明细科目	金额 亿	千	百	十	万	千	百	十	元	角	分	记账符号
收回王明退回多余差旅费	其他应收款	王明							5	0	0	0	0	
附件　2　张	合	计						¥	5	0	0	0	0	

会计主管：　　记账：　　出纳：张华　　审核：　　制单：宋湘

图4-11　收款凭证

付 款 凭 证

现付字第 021 号

贷方科目：库存现金

2019 年 06 月 20 日

摘 要	总账科目	明细科目	金额											记账符号
			亿	千	百	十	万	千	百	十	元	角	分	
购买办公用品	管理费用	办公费						3	0	0	0	0		
附件 4 张	合	计						¥	3	0	0	0	0	

会计主管 记账： 出纳：张华 审核：宋湘

图4-12 付款凭证

由于收款凭证、付款凭证和转账凭证是分别用于专门记录某一类经济业务的记账凭证，所以它们又统称为专用记账凭证。在实际工作中，为了便于区别这三种专用记账凭证，一般采用不同颜色的文字或纸张印刷。

（二）通用凭证

在一些经济业务比较简单的小型企业里，通常不区分收款、付款和转账这三种业务，只采用一种通用格式记账凭证，这种记账凭证就称为通用记账凭证。通用记账凭证如图4-13所示，其填写方法如表4-1所示。

记 账 凭 证

年 月 日

字第 号

摘 要	总账科目	明细科目	借方金额											贷方金额											记账符号
			亿	千	百	十	万	千	百	十	元	角	分	亿	千	百	十	万	千	百	十	元	角	分	
附件 张	合	计																							

会计主管： 出纳： 审核： 制单：

图4-13 通用记账凭证

表4-1 会计凭证的填写内容

填写内容	说明
日期	填写登记凭证当天的日期
凭证号	按业务发生的时间顺序和不同种类的记账凭证连续编号。如果某一笔收支业务需要填制几张记账凭证，可按该项业务的记账凭证数量编列分数顺序号

（续上表）

填写内容	说明
摘要	根据收支业务的实际内容，以简练的语言写入摘要栏
总账科目	根据收支业务的性质和会计制度规定的会计科目填写。一张记账凭证只能反映一项收支业务，除必须将几个会计科目填写在同一张记账凭证上的业务外，不同类型的原始凭证不能合并填入同一记账凭证
明细科目	根据会计明细科目的规定填写
借方金额	填写借方科目实际金额
贷方金额	填写本记账凭证所附原始凭证的实际支出金额
合计	在记账凭证的最后一行，分别填写借方和贷方的合计金额，二者的数额应当相等 记账凭证中的各项内容必须填写齐全，并按规定程序办理签名和盖章手续，不得简化
附件	填写将报销的原始凭证张数

记账凭证按其编制方法，还可分为单式记账凭证、复式记账凭证和汇总记账凭证三种。

单式记账凭证是只反映一个账户内容的记账凭证，即一项经济业务的会计分录涉及几个账户的，就要分别填制几张这种记账凭证。其中，只记录借方账户的称为借项（或借方）记账凭证；只记录贷方账户的称为贷项（或贷方）记账凭证。

复式记账凭证是能反映一项完整经济业务的记账凭证，即凡属于同一笔经济业务的会计分录，不论涉及几个账户，一般都要填制在一张记账凭证上。

为了简化记账工作，还可以将记账凭证按账户名称分别汇总，编制汇总的记账凭证，然后据以登记账簿。汇总的记账凭证有记账凭证汇总表（又称科目汇总表）和汇总记账凭证两种形式。这类汇总的记账凭证，其作用与一般的记账凭证是相同的，只是为了减少登记总账的工作量，但明细账仍应按经济业务的发生逐笔登记。

例4-18 兴隆公司2019年5月2日购买办公用品用现金支付200元，本笔业务为当月第3笔业务，附件为2张。请填制通用记账凭证。

学堂点拨

记 账 凭 证

2019 年 05 月 02 日　　　　　　记 字第　03　号

摘　　要	总账科目	明细科目	借方金额											贷方金额											记账符号
---	---	---	亿	千	百	十	万	千	百	十	元	角	分	亿	千	百	十	万	千	百	十	元	角	分	
购买办公用品	管理费用	办公费						2	0	0	0	0													
	库存现金																		2	0	0	0	0		
附件　2　张		合　　计					￥	2	0	0	0	0						￥	2	0	0	0	0		

会计主管：　　　　　出纳：　　　　　审核：　　　　　制单：韩岩

图4-14　记账凭证的填制

学堂点睛

原始凭证的复核：

复核原始凭证是会计机构、会计人员结合日常财务工作进行会计监督的基本形式，它可以保证会计核算的质量，防止发生贪污、舞弊等违法行为。出纳是财会部门的一道窗口，一定要把好凭证复核关。

原始凭证复核的内容主要包括真实性复核、完整性复核和合法性复核三个方面，具体参看表4-2所示。

表4-2　原始凭证复核的三个方面

复核内容	说明
真实性复核	所谓真实，就是说原始凭证上反映的应当是经济业务的本来面目，不得掩盖、歪曲和颠倒真实情况
完整性复核	所谓完整，是指原始凭证应具备的要素要完整、手续要齐全。复核时要检查原始凭证必备的要素是否都填写了 例如，发货票上要有供货单位的财务公章、税务专用章、本联发货票用途、发货票的编号等要素，要素不完整的原始凭证，原则上应当退回重填。特殊情况下需有旁证并经领导批准才能报账
合法性复核	所谓合法，就是要按会计法规、会计制度（包括本单位制定的正在使用的一些内部会计制度）和计划预算办事

第四节 库存现金日记账的登记、对账和结账

微信扫一扫
免费看课程

库存现金日记账是出纳员根据审核无误的现金收款、付款凭证和银行存款付款凭证（记录从银行提取现金的业务），按逐日逐笔的顺序登记的。每日终了时，应结出现金日记账的账面余额，并将其与库存现金实存数额相核对，做到账实相符。

一 库存现金日记账的用处

（一）记录现金收支明细。

（二）体现现金当日余额。

（三）便于进行核对、检查、监督和交接。

二 日记账的组成

（一）会计账簿使用说明

会计账簿的使用说明：用于对账本的使用作出说明。

图4-15 会计账簿封面

（二）现金日记账使用登记表

1. 使用者名称：指建账单位的名称。

2. 启用日期：账本开始使用当天的日期。

3. 责任者盖章签名：指建账的经办人。

4. 交接记录：指发生账本交接时，由交出人、接收人和监交人分别签名盖章。

现 金 日 记 账 使 用 登 记 表

使用者名称					印 鉴	
账 簿 编 号						
账 簿 页 数	本账簿共计使用 页					
启 用 日 期	年 月 日					
截 止 日 期	年 月 日					
责任者盖章	记 账	审 核	主 管	部门领导		
姓 名	交 接 日 期			交 接盖 章	监 交 人 员	
					职 务	姓 名
	经管	年 月 日				
	交出	年 月 日				
	经管	年 月 日				
	交出	年 月 日				
	经管	年 月 日				
	交出	年 月 日				
	经管	年 月 日				
	交出	年 月 日				
印花税票						

图4-16 现金日记账使用登记表

（三）账页的内容

1. 页数：总页数为合计页数。

2. 日期：填写业务发生日期。

3. 凭证编号：填写记账凭证编号。

4. 摘要：填写业务简要的内容。

5. 对方科目：填写与之对应的对方会计科目。

6. 借/贷方金额：填写实际发生金额。

7. 借或贷：指该会计科目余额的方向。

库 存 现 金 日 记 账　　　　总 页　第　页

年		凭证编号	摘　　要	对方科目	票号	借　方												贷　方												借或贷	余　额												核对
月	日					亿	千	百	十	万	千	百	十	元	角	分	亿	千	百	十	万	千	百	十	元	角	分		亿	千	百	十	万	千	百	十	元	角	分	

图4-17　会计账簿账页

三　启用新账本

新的账本可以在会计用品商店和大型超市等处购买。在开始启用新的账本前，应当先仔细阅读账本的使用说明，然后填写相关内容：

（一）使用者名称：填写本单位的名称。

（二）账本编号：在新账本开始使用前的最后一本现金日记账的编号下，依序编写新的账本的编号。

（三）启用日期：填写新账本开始使用的日期。

（四）责任人盖章签名：按栏目提示填写。

账 簿 启 用 表　　　　贴印花处

单位名称				（加盖公章）	负责人	职务	姓名
账簿名称		账簿第　　　册			单位负责人		
账簿号码	第　　号	启用日期	年　　月　　日		单位主管财会工作负责人		
账簿页码	本账簿共计　　　页				会计机构负责人、会计主管人员		

经营本账簿人员一览表									
记账人员			接管			移交			监交人员		备注
职务	姓名	盖章	年	月	日	年	月	日	职务	姓名	

图4-18　新账簿启用表

四　库存现金日记账的账页格式

库存现金口记账的格式有三栏式和多栏式两种，无论采用三栏式还是多栏式库存现金日记账，都必须使用订本账。

（一）三栏式库存现金日记账

现金日记账一般采用借方（收入）、贷方（支出）及余额（结余）三栏式格式。

现金日记账的收入栏和支出栏，是根据审核签字后的现金收、付款凭证和从银行提取现金时填制的银行存款付款凭证，按照经济业务发生的时间顺序，由出纳人员逐日逐笔进行登记的。为了简化现金日记账的登记手续，对于同一天发生的相同经济业务，也可以汇总成一笔登记。每日终了时，出纳人员应做好以下各项工作：

1. 在现金日记账上结出"本日收入"合计和"本日支出"合计，然后计算出本日余额，记入"结余"栏。

库 存 现 金 日 记 账　　　总1页　第1页

2019年 月	日	凭证编号	摘要	对方科目	票号	借方	贷方	借或贷	余额	核对
12	1		期初余额					借	300000	✓
12	1	现收001	收到投资款	实收资本		3000000		借	3300000	✓
12	1	现付001	采购货物	原材料			20000	借	3280000	✓
12	1		本日合计			3000000	20000	借	3280000	✓

图4-19　库存现金日记账的账页格式

2. 以现金日记账上的本日余额与库存现金的实有额相核对，二者应一致，若不一致，应及时查明原因，进行调整，做到账实相符。

3. 以现金日记账上的本日余额与库存现金的限额相比较，超过限额数，要及时送存银行；不足限额部分，应向银行提取，以保证日常开支的需要。在每月终了时，还应在现金日记账上结出月末余额，并同现金总账科目的月末余额核对相符。

三栏式现金日记账如图4-20所示。

库 存 现 金 日 记 账　　　总1页　第1页

2019年 月	日	凭证编号	摘要	对方科目	票号	借方	贷方	借或贷	余额	核对
5	1		期初金额					借	300000	✓
5	2	记字03	购买办公用品	管理费用	略		20000	借	280000	✓
5	6	记字06	提取备用金	银行存款	略	100000		借	380000	✓
5	13	记字11	销售部王明预支差旅费	其他应收款	略		90000	借	290000	✓
5	21	记字15	收到王明退回差旅费余款	其他应收款	略	30000		借	320000	✓
5	31		本月合计			130000	110000	借	320000	✓

图4-20　三栏式库存现金日记账

（二）多栏式库存现金日记账

现金日记账的格式也可以采用多栏式。在此种格式下，每月月末要结出与现金科目相对应各科目的发生额合计数，并据以登记有关各总账科目。由于采用多栏式现金日记账时所涉及的栏目很多，所以对现金的收入和支出一般都分别设置日记账予以核算，即现金收入日记账和现金支出日记账。多栏式现金日记账能够如实反映收入现金的来源和支出现金的用途情况，简化凭证编制手续。现金收入日记账是按照现金收入对方科目设置专栏的。每日终了时，为了计算库存现金的结存额以及核对账款，需要把现金支出日记账中的本日贷方合计数，过入收入日记账。

多栏式库存现金日记账如图4-21所示。

库 存 现 金 日 记 账

年		凭证字号	借　　方				贷　　方				余额
月	日		对方科目			借方合计	对方科目			贷方合计	
			银行存款	主营业务收入	其他业务收入 ……		管理费用	销售费用	其他业务支出 ……		

图4-21　多栏式库存现金日记账

五　库存现金日记账的登记方法

以三栏式现金日记账为例，现金日记账的登记方法如下：

（一）日期栏：按照记账凭证的日期登记。

（二）凭证栏：按照记账凭证的种类和编号登记，如果是现金收款凭证，就登记"现收"；如果是现金付款凭证，就登记"现付"。另外要填好编号，以便查账和核对。

（三）摘要栏：按照记账凭证所记录的摘要登记。

（四）对方科目栏：为了方便查看每笔现金业务的来源和去向，要按照记账凭证所列的对方科目进行登记。

（五）借贷栏：指现金实际收付的金额，每日终了时应该分别计算现金收入和支付的合计金额，结出余额；还要将余额与出纳员的库存现金相核对，进行"日清"。"借方金额"栏和"贷方金额"栏应根据相关凭证中记录的"库存现金"科目的借贷方向及金额记入。

（六）余额栏："余额"栏涉及的公式有如下两种。

本日余额＝上日余额＋本日借方－本日贷方

期末余额＝期初余额＋本期增加－本期减少

库存现金日记账　　　　　　　总1页　第1页

2019年		凭证编号	摘　要	对方科目	票号	借　方 亿千百十万千百十元角分	贷　方 亿千百十万千百十元角分	借或贷	余　额 亿千百十万千百十元角分	核对
月	日									
6	1		期初金额					借	5 0 0 0 0 0	√
6	5	现付字第001	购买办公用品	管理费用	略		2 0 0 0 0	借	4 8 0 0 0 0	√
6	12	现付字第002	销售部王凯预支差旅费	其他应收款	略		3 0 0 0 0 0	借	1 8 0 0 0 0	√
6	18	银付字第003	提取备用金	银行存款	略	2 0 0 0 0 0		借	3 8 0 0 0 0	√
6	25	现收字第001	收回差旅费余款	其他应收款	略	1 0 0 0 0 0		借	4 8 0 0 0 0	√
6	31		本月合计			3 0 0 0 0 0	3 2 0 0 0 0	借	4 8 0 0 0 0	√

日清

图4-22　现金日记账的登记

例4-19 兴隆公司2019年4月30日库存现金账户余额为3 000元，5月份库存现金发生业务凭证如图4-23所示。

记　账　凭　证

2019 年　05 月　02 日　　　记字第　03 号

摘　要	总账科目	明细科目	借方金额 亿千百十万千百十元角分	贷方金额 亿千百十万千百十元角分	记账符号
购买办公用品	管理费用	办公费	2 0 0 0 0		
	库存现金			2 0 0 0 0	
附件 2 张	合　　计		￥2 0 0 0 0	￥2 0 0 0 0	

会计主管：　　　　出纳：　　　　审核：　　　　制单：韩岩

记　账　凭　证

2019 年　05 月　05 日　　　记字第　06 号

摘　要	总账科目	明细科目	借方金额 亿千百十万千百十元角分	贷方金额 亿千百十万千百十元角分	记账符号
提取现金	库存现金		1 0 0 0 0 0		
	银行存款			1 0 0 0 0 0	
附件 2 张	合　　计		￥1 0 0 0 0 0	￥1 0 0 0 0 0	

会计主管：　　　　出纳：　　　　审核：　　　　制单：韩岩

记 账 凭 证

2019 年 05 月 13 日　　　　　　　　　　记字第 11 号

摘　　　要	总账科目	明细科目	借方金额										贷方金额										记账符号
			亿	千	百	十	万	千	百	十	元	角	分	亿	千	百	十	万	千	百	十	元	角	分	
王明预支差旅费	其他应收款	王明					9	0	0	0	0												
	库存现金																	9	0	0	0	0	
附件　3　张	合　　　计					￥	9	0	0	0	0					￥	9	0	0	0	0		

会计主管：　　　　　　出纳：　　　　　　审核：　　　　　　制单：韩岩

记 账 凭 证

2019 年 05 月 21 日　　　　　　　　　　记字第 15 号

摘　　　要	总账科目	明细科目	借方金额										贷方金额										记账符号
			亿	千	百	十	万	千	百	十	元	角	分	亿	千	百	十	万	千	百	十	元	角	分	
收回王明退回多余差旅费	库存现金							3	0	0	0	0											
	其他应收款	王明																	3	0	0	0	0	
附件　3　张	合　　　计						￥	3	0	0	0	0					￥	3	0	0	0	0	

会计主管：　　　　　　出纳：　　　　　　审核：　　　　　　制单：韩岩

图4-23　5月份库存现金发生业务凭证

根据上述资料，出纳应怎样登记库存现金日记账？

学堂点拨

　　由于库存现金日记账登记的是现金的收入、支出和结存情况，所以库存现金日记账应根据库存现金记账凭证登记。例4-19中，登记库存现金日记账所依据的凭证为"记字第03号""记字第06号""记字第11号"和"记字第15号"，因此该公司出纳登记2019年5月库存现金日记账的步骤如下：

　　（1）根据2019年4月末"库存现金"账户余额，填列2019年5月初的期初余额。在新的一月的账页第一行中，日期填写"5月1日"，摘要栏填写"期初余额"，余额栏填写"3 000.00"；由于该行登记期初余额，所以"对方科目"与"借方金额"或"贷方金额"栏可留空白。

　　（2）根据本月的收、付款凭证，排列登记库存现金日记账所依据的凭证顺序，依次为"记字第03号""记字第06号""记字第11号""记字第15号"。

　　（3）分别将上述凭证记载的业务登记到库存现金日记账中。根据"记字第03号"凭证，在账页"日期"处填写"5月2日"，"凭证编号"处填写"记字第03"，"摘要"处填写"购买办公用品"，"对方科目"处填写"管理费用"。由于购买办公用品是支出现金，所以该笔业务应贷记"库存现金"科目；记账凭证中库存现金也是记在贷方的，所以应在"贷方金额"处登记"200.00"。由于前一行中余额为3 000，所以根据"库存现金"账户的余额计算公式"余额＝期初余额＋本期借方发生额－本期贷方发生额"，当日的库存现金余额＝3 000－200＝2 800（元），因此"余额"栏填写"2 800.00"。

（4）根据"记字第06号"凭证，在上笔业务的下一行"日期"处填写"5日"，"凭证编号"处填写"记字第06"，"摘要"处填写"提取现金"，"对方科目"处填写"银行存款"科目。由于提取现金是收入现金，所以该笔业务应借记"库存现金"；记账凭证中库存现金是记在借方的，所以应在"借方金额"处登记"1 000.00"。根据公式，可计算出当日库存现金余额＝2 800＋1 000＝3 800（元）。

（5）按照类似方法，可将"记字第11号""记字第15号"凭证的业务登记到库存现金日记账中。登记完成后的库存现金日记账如图4-24所示。

库存现金日记账   总1页 第1页

2019年		凭证编号	摘 要	对方科目	票 据	借 方										贷 方										借或贷	余 额										核对
月	日					亿	千	百	十	万	千	百	十	元	角	分	亿	千	百	十	万	千	百	十	元	角	分		亿	千	百	十	万	千	百	十	元	角	分	
5	1		期初金额																									借				3	0	0	0	0	0	✓
5	2	记字第03	购买办公用品	管理费用	略																	2	0	0	0	0	借				2	8	0	0	0	0	✓
5	5	记字第06	提取现金	银行存款	略					1	0	0	0	0	0													借				3	8	0	0	0	0	✓
5	13	记字第11	王明预支差旅费	其他应收款	略																	9	0	0	0	0	借				2	9	0	0	0	0	✓
5	21	记字第15	收回王明退回多余差旅费	其他应收款	略						3	0	0	0	0													借				3	2	0	0	0	0	✓

图4-24　登记完成后的库存现金日记账

六　库存现金日记账的对账

现金日记账的对账，主要有以下三方面的内容。

（一）现金日记账与现金收、付款凭证的核对

收、付款凭证是登记现金日记账的依据，账目和凭证应该完全一致。核对的项目主要是：核对凭证编号；复查记账凭证与原始凭证，看两者是否完全相符；查对账证金额与方向的一致性；检查若发现差错，要立即按规定的方法更

正，确保账证完全一致。

通过观察库存现金日记账可以看出，在"借方金额"和"贷方金额"列后面均有一列"核对（√）"，这就是用来对账的。对于一般企业而言，每月的现金业务较多，而库存现金日记账的核对自然也会涉及很多笔业务，为了保障对账工作顺利、准确完成，就需要对已核对业务和未核对业务作标识。另外，由于每月的对账工作又不一定在一个时间段内完成，通常需要在对账工作期间穿插一些其他工作，所以为了保证对账的准确，出纳每核对一笔业务，就需要在该笔业务后面画一个"√"，表明该笔业务已与相关资料进行了核对，如果工作之间有其他穿插，则下次从最后一个已核对项目后开始即可。

库 存 现 金 日 记 账　　　　　总 1 页　第 1 页

2019年 月	日	凭证编号	摘要	对方科目	票号	借方	贷方	借或贷	余额	核对
12	1		期初余额					借	3000000	√
12	2	记字002	收到投资款	实收资本		3000000		借	33000000	√
12	7	记字003	报销刻章费用	管理费用			68000	借	32320000	√
12	8	记字005	收1~7日现金收款	主营业务收入		2000000		借	52320000	√
12	8	记字005	现金存入银行	银行存款			2000000	借	32320000	√
12	14	记字008	报销办公用品费	管理费用			48000	借	31840000	√
12	17	记字010	提取备用金	银行存款	现支38285677	4000000		借	71840000	√
12	18	记字011	报销装修费	管理费用			3000000	借	41840000	√
12	21	记字012	支付保证金	其他应付款			150000	借	40340000	√
12	23	记字016	报销税盘和维护费	管理费用			48000	借	39860000	√
12	31		本月合计			9000000	5314000	借	39860000	√

图4-25　业务核对

（二）现金日记账与现金总分类账的核对

现金日记账是根据收、付款凭证逐笔登记的，现金总分类账是根据收、付款凭证汇总登记的，记账的依据是相同的，记录的结果应该完全一致，但由于两个账簿是由不同人员分别记账，因此可能出现差错。出纳应定期出具"出纳报告单"与总账会计进行核对，如有错误应立即按规定的方法加以更正，做到账账相符。

（三）现金日记账与库存现金的核对

首先结出当天现金日记账的账面余额，再盘点库存现金的实有数，看两者是否完全相符。一般是通过库存现金实地盘点法查对，应按"库存现金实有数＋未记账的付款凭证金额－未记账的收款凭证金额＝现金日记账账存余额"的公式进行核对，清查完毕要编制库存现金盘点报告表。

七 库存现金日记账的结账

现金日记账结账方法：

（一）结出余额。每日记完最后一笔数据，结出当日余额，同时与库存现金核对相符。

（二）结出本期发生额，分为日结和月结两种。

1. 日结。现金日记账须按日结出当日发生额，并在该栏下划一道通栏红线，加计本日收入发生额和本日支出发生额，在"摘要"栏内注明"本日合计"，再在下面划一道通栏红线，对于"本日合计"的余额栏可以不填余额。

2. 月结。现金日记账须按月结出本月发生额，每月最后一笔数据登记完并加计"本日合计"后，在下面一行结出本月发生额。方法是把每日的收入发生额和支出发生额累加起来，在"摘要"栏内注明"本月合计"字样，下面再划一道通栏红线即可。

库存现金日记账月结如图4-26所示。

库 存 现 金 日 记 账　　　　　　　总1页　第1页

2019年 月	日	凭证编号	摘　要	对方科目	票号	借　方 亿千百十万千百十元角分	贷　方 亿千百十万千百十元角分	借或贷	余　额 亿千百十万千百十元角分	核对
5	1		期初金额					借	3 0 0 0 0 0	✓
5	2	记字03	购买办公用品	管理费用	略		2 0 0 0 0	借	2 8 0 0 0 0	✓
5	6	记字06	提取备用金	银行存款	略	1 0 0 0 0 0		借	3 8 0 0 0 0	✓
5	13	记字11	销售部王明预支差旅费	其他应收款	略		9 0 0 0 0	借	2 9 0 0 0 0	✓
5	21	记字15	收回王明退回差旅费余款	其他应收款	略	3 0 0 0 0		借	3 2 0 0 0 0	✓
5	31		本月合计			1 3 0 0 0 0	1 1 0 0 0 0	借	3 2 0 0 0 0	✓

图4-26　库存现金日记账的月结

（三）年末结转。年度终了时，在现金日记账的最后一笔数据结出"本日合计"和"本月合计"金额和余额后，在"摘要"栏内注明"本年累计"字样，结出本年发生额和余额。同时在下面划两道通栏红线，表示本年已全部记完现金收支业务。在下一行"摘要"栏内注明"结转下年"，这样年末现金余额会自动结转到下一年的年初，不需要人为把余额调平。年末余额结转后，现金日记账的账页有空行的不必划销。

年初要买新账，按上年的期末余额作为下年的期初额，并在"摘要"栏内注明"上年结转"即可。

库存现金日记账年结如图4-27所示。

库存现金日记账

总 1 页　第 1 页

2019年		凭证编号	摘要	对方科目	票号	借方										贷方										借或贷	余额									核对
月	日					亿	千	百	十	万	千	百	十	元	角	分	亿	千	百	十	万	千	百	十	元	角	分		亿	千	百	十	万	千	百	十	元	角	分	
12	1		期初余额																									借				3	0	0	0	0	0	✓
12	2	记字第05	购买办公用品	管理费用	略																		2	0	0	0	0	借				2	8	0	0	0	0	✓
			本日合计																					2	0	0	0	0	借				2	8	0	0	0	0	✓
12	15	记字第20	储存现金	银行存款	略					1	0	0	0	0	0													借				3	8	0	0	0	0	✓
			本日合计							1	0	0	0	0	0									2	0	0	0	0	借				3	8	0	0	0	0	✓
12	31		本月合计							1	0	0	0	0	0									2	0	0	0	0	借				3	8	0	0	0	0	✓
12	31		本年累计					1	1	6	0	9	0	0	0				1	1	3	3	2	0	0	0	借				3	8	0	0	0	0	✓
12	31		结转下年																									借				3	8	0	0	0	0	✓

库存现金日记账

总 1 页　第 1 页

2020年		凭证编号	摘要	对方科目	票号	借方										贷方										借或贷	余额									核对
月	日					亿	千	百	十	万	千	百	十	元	角	分	亿	千	百	十	万	千	百	十	元	角	分		亿	千	百	十	万	千	百	十	元	角	分	
1	1		上年结转																									借				3	8	0	0	0	0	✓

图4-27　库存现金日记账的年结

八　库存现金日记账的注意事项

（一）不能随意更换

账本是法律凭据，不得随意更换。账页的登记和结算发生错误时，可以根据纠错规范进行更正，但不得将账页损毁。

（二）使用和保存

在账目登记年度内，账本由出纳使用和保存。账目的登记年度结束，账本随其他凭证转会计人员做账后，归档保存。

（三）不能擅自销毁

现金日记账属于会计档案的组成部分，出纳不得擅自销毁。对于会计档案的保存期限和销毁程序，法规已有专门规定，企事业单位也会作出具体的规定。

例4-20　出纳小张每天要等会计将凭证编写、打印后再登账。小张心里也是有疑问的，到底是要在凭证打印之前还是之后再登账呢？

有位会计和小张说："会计要按照出纳提供的现金和银行存款的原始凭证，根据业务分类逐日编制现金和银行的收、付款凭证。出纳要按编制好的会计凭证，逐日登记现金日记账和银行存款账簿。"

那么，出纳应该在什么时候登记银行存款账和现金日记账？

学堂点拨

我们认为，出纳根据业务发生的时间顺序制作凭证、登记日记账才是合理的。但在实际工作中，的确也有会计人员出于会计科目使用和财务软件应用等方面的考虑，将本应在出纳环节制作出来的记账凭证后续按会计人员处理过的凭证再行登记账目。这种做法有待商榷。

例4-21 有位出纳问："如果在一张记账凭证上登记几笔业务，现金日记账能不能按汇总的金额登记呢？"

有经验的出纳回答："在一张记账凭证上反映多笔业务是可以的，比如费用类的报销如住宿费、差旅费，或者购买办公用品等。现金日记账可以按照这张凭证上的汇总数登记，但如果现金日记账根据原始凭证逐笔登记的话，将会为日后收支信息的查找带来便利。"

那么，一张记账凭证做多笔业务，现金日记账能不能按汇总数登记？

学堂点拨

这位有经验的出纳的回答是可行的。如果按原始凭证逐笔登记，前期的工作量可能会较大，但后期检索的效率会高。这个方法可供参考。

（四）账页和凭证的错误修改

尽管已经很注意和小心了，但出纳在登记或者填写的时候，还是难以避免地会出现一些小小的错误。既然难免会出错，就要有办法来纠正。这里我们简单介绍三个更正错误的方法，具体应用方法请查阅会计理论方面的书籍，此处不再赘述。

表4-3　账页和凭证的错误更正方法

更正方法	内容	适用情况
划线更正法	在错记的文字或者本组数字上划一条红色直线，在其上方用蓝色的字迹写明正确的内容，并加盖更正人的个人印章，以对错误进行纠正	1. 登账前，发现记账凭证的错误； 2. 结账前，发现账页登记有误，但记账凭证无误
补充登记法	将少记的金额另行填写一张记账凭证进行补记，以对错误进行纠正	登账后，发现账页或者记账凭证少记金额
红字更正法	又称为红字冲账法，用红色字迹另行填写记账凭证，将错误数据冲销，以对错误进行纠正	1. 登账后，发现账页和记账凭证多记金额； 2. 登账后，发现账页和记账凭证错用会计科目，或者记账方向写错

第五节　库存现金的盘点

一　现金盘点

库存现金清查盘点主要包括经常性的现金清查和定期或不定期清查两种情况。

（一）经常性的现金清查

经常性的现金清查，即由出纳人员每日清点库存现金实有数，并与库存现金日记账的账面余额核对。

（二）定期或不定期清查

定期或不定期清查，即由清查小组对库存现金进行定期或不定期清查。清查时，出纳人员必须在场，库存现金由出纳人员经手盘点，清查人员从旁监督，出纳人员还需编制库存现金盘点表，如图4-28所示。同时，清查人员还应认真审核库存现金收付款凭证和有关账簿，检查财务处理是否合理合法、账簿记录有无错误，以确定账存与实存是否相符等内容。

库存现金盘点表

盘点日期							
现金清点明细			账目核对				
面值	张数	金额	年	月	日	项目	金额
100元						库存现金总账余额	
50元						加：未入账收入凭证	
20元						减：未入账付出凭证	
10元						加：跨日收入	
5元						减：跨日借条	
1元						调整后现金总账余额	
5角						库存现金实有数	
2角						现金长款	
1角						现金短款	
实点	合计						

会计主管：　　　　　　　　　　　会计：　　　　　　　　　　　出纳：

图4-28　库存现金盘点表

库存现金清查结束后，出纳应填写"库存现金盘点报告表"（如图4-29所示），并据以调整库存现金日记账的账面记录。

库存现金盘点报告表
2019 年 3 月 31 日

单位名称：深圳市兴隆有限公司				
实存金额	账存金额	盘亏情况		备注
		盘亏数	盘盈数	
1,250.00	1,328.00	78.00		
处理意见：无法查明原因，结账至管理费用				

主管：苏小安　　　　会计：李玲　　　　　　出纳：张利

图4-29　库存现金盘点报告表

二 现金盘点的具体过程

库存现金的清查是通过实地盘点的方法，确定库存现金的实存数，再与现金日记账的账面余额进行核对，以查明盈亏情况。库存现金的盘点，应由清查人员会同现金出纳人员共同负责。

盘点前，出纳人员应先将现金收、付款凭证全部登记入账，并结出余额；盘点进行时，出纳人员必须在场，现金应逐张清点，如发现盘盈、盘亏，清查人员必须会同出纳人员核实清楚。

盘点时，除查明账实是否相符外，还要查明有无违反现金管理制度规定、有无以"白条"抵充现金、现金库存有否超过银行核定的限额、有无坐支现金等情况。

盘点结束后，应根据盘点结果填制"库存现金盘点报告表"，并由清查人员和出纳人员签名或盖章。此表具有双重性质：既是盘存单，又是账存实存对比表；既是反映现金实存数调整账簿记录的重要原始凭证，也是分析账实发生差异原因、明确经济责任的依据。

学堂点睛

1. 不能以"白条"抵库

所谓"白条"，是指没有审批手续的凭据，因此"白条"不能作为记账的依据。"白条"具有很多的危害性，主要表现在以下几个方面：

（1）用"白条"顶抵现金，使实际库存现金减少，日常零星开支所需的现金不足，还往往会使账面现金余额超过库存现金限额。

（2）用"白条"支付现金，付出随意性大，容易产生挥霍浪费、挪用公款等问题，付出后不能及时进行账务处理，不便于进行财务管理。

（3）"白条"一般不便于管理，一旦丢失便无据可查，难以分清责任，有时会给单位或个人造成不应有的损失。

2. 不准设"账外账"和"小金库"

"账外账"，是指有的单位将一部分收入不纳入财务统一管理，而是在单位核算账簿之外另设一套账来记录财务统管之外的收入。"账外账"有的是财会部门自己设置的，也有的是单位其他部门、小单位设置的。"小金库"又称"小钱柜"，是单位库存之外保存的现金和银行存款，一般情况下与单位设置的"账外账"相联系，有"账外账"就有"小金库"，有"小金库"就有"账外账"。

设置"账外账"和"小金库"是侵占、截留、隐瞒收入的一种违法行为，为各种违法违纪行为提供了条件，危害性极大，必须坚决予以取缔。

三 现金盘点的账务处理

根据《企业会计制度》规定，每日终了结算现金收支、财产清查等发现的有待查明原因的现金短缺或溢余，应通过"待处理财产损溢——待处理流动资产损溢"账户核算。属于现金短缺，应该按照实际短缺的金额借记"待处理财产损溢——待处理流动资产损溢"，贷记"库存现金"；属于现金溢余，按照实际溢余的金额，应借记"库存现金"，贷记"待处理财产损溢——待处理流动资产损溢"。

待查明原因后，对发生现金短缺的处理是：如属于应由责任人赔偿的部分，借记"其他应收款——应收现金短缺款（XX责任人）"或"库存现金"；属于应由保险公司赔偿的部分，借记"其他应收款——应收保险赔款"；属于无法查明的其他原因，根据管理权限，经过批准后，借记"管理费用——现金短缺"。对发生现金溢余的处理是：如属于应支付给有关人员或单位的，贷记"其他应付款——应付现金溢余（XX个人或单位）"；属于无法查明的其他原因的现金溢余，经过批准后，贷记"营业外收入——现金溢余"。

例4-22 2019年3月31日，兴隆公司进行现金盘点，发现短款78元，原因待查，盘点表情况如图4-30所示。

库存现金盘点表

盘点日期			2019年3月31日				
现金清点明细			账目核对				
面值	张数	金额	年	月	日	项目	金额
100元	10	1,000.00				库存现金总账余额	1,328.00
50元	5	250.00				加：未入账收入凭证	——
20元	0	——				减：未入账付出凭证	——
10元	0	——				加：跨日收入	——
5元	0	——				减：跨日借条	——
1元	0	——				调整后现金总账余额	1,328.00
5角	0	——				库存现金实有数	1,250.00
2角	0	——				现金长款	——
1角	0	——				现金短款	78.00
实点	合计	1,250.00					

会计主管：苏小安　　　　　　会计：李玲　　　　　　出纳：张利

图4-30　填列完整的库存现金盘点表

学堂点拨

账务处理如下：

借：待处理财产损溢——待处理流动资产损溢　　　　　78

　　贷：库存现金　　　　　　　　　　　　　　　　　　　78

经查，属于无法查明的原因，经批准后结转，库存现金盘点报告表如图4-31所示。

库存现金盘点报告表
2019 年 3 月 31 日

单位名称：深圳市兴隆有限公司				
实存金额	账面金额	盘亏情况		备注
		盘亏数	盘盈数	
1,250.00	1,328.00	78.00		
处理意见：无法查明原因，结账至管理费用				

主管：苏小安　　　　会计：李玲　　　　出纳：张利

图4-31　填列完整的库存现金盘点报告表

学堂点拨

账务处理如下：

借：管理费用——现金短缺　　　　　　　　　　　　78

　　贷：待处理财产损溢——待处理流动资产损溢　　　　78

例4-23 2019年4月30日兴隆公司盘点发现现金库存余额大于账存余额154元,原因待查,盘点表情况如图4-32所示。

库存现金盘点表

盘点日期			2019年4月30日				
现金清点明细			账目核对				
面值	张数	金额	年	月	日	项目	金额
100元	15	1,500.00				库存现金总账余额	1,746.00
50元	8	400.00				加:未入账收入凭证	——
20元	0	——				减:未入账付出凭证	——
10元	0	——				加:跨日收入	——
5元	0	——				减:跨日借条	——
1元	0	——				调整后现金总账余额	1,746.00
5角	0	——				库存现金实有数	1,900.00
2角	0	——				现金长款	154.00
1角	0	——				现金短款	——
实点	合计	1,900.00					

会计主管:苏小安　　　　　　会计:李玲　　　　　　出纳:张利

图4-32 填列完整的库存现金盘点表

学堂点拨

账务处理如下:

借:库存现金　　　　　　　　　　　　　　　　　　　　　154

　　贷:待处理财产损溢——待处理流动资产损溢　　　　　　154

经查,属于少付职工XX的款项,库存现金盘点报告表如图4-33所示。

库存现金盘点报告表
2019 年 4 月 30 日

单位名称:深圳市兴隆有限公司				
实存金额	账存金额	盘亏情况		备注
		盘亏数	盘盈数	
1,900.00	1,746.00		154.00	
处理意见:属于少付职工款项				

主管:苏小安　　　　会计:李玲　　　　出纳:张利

图4-33 填列完整的库存现金盘点报告表

学堂点拨

账务处理如下:

借:待处理财产损溢——待处理流动资产损溢　　　　　　154

　　贷:其他应付款——应付现金溢余(职工XX)　　　　　154

第五章 银行结算实操业务

第一节 银行结算账户的开立、变更及撤销

银行对于每个人来说并不陌生，成年人都有个人的银行账户，用于办理存款、转账、投资等业务，个人开立的户头称为"个人储蓄账户"；企事业单位也有独立的银行账户，企事业单位开立的户头称为"对公账户"。出纳工作中所说的银行账户主要是企事业单位在银行开立的"对公账户"。

银行是依法成立的经营货币信贷业务的金融机构，是商品货币经济发展到一定阶段的产物。银行账户是客户在银行开立的存款账户、贷款账户、往来账户的总称。在我国，凡国家机关、团体、部队、学校及企事业单位，均须在银行开立账户。出纳应熟练掌握与银行账户有关的业务技能，包括银行账户的分类及银行账户的管理等。

单位银行结算账户按用途不同可分为基本存款账户、一般存款账户、临时存款账户和专用存款账户四种。

一 企业银行结算账户的分类

（一）基本存款账户

基本存款账户是企事业单位的主要存款账户，该账户主要办理日常转账结算和现金收付，存款单位的工资、奖金等现金的支取只能通过该账户办理。

学堂点晴

企事业单位只能选择一家商业银行的一个营业机构开立一个基本存款账户。

《关于取消企业银行账户许可的通知》（银发〔2019〕41号）规定：2019年2月25日起，在全国范围内分批取消企业银行账户许可，2019年底前实现完全取消。

（二）一般存款账户

一般存款账户是企事业单位在基本账户以外的银行因借款开立的账户，该账户只能办理转账结算和现金的缴存，不能支取现金。

（三）临时存款账户

临时存款账户是外来临时机构或个体经济户因临时经营活动需要开立的账户，该账户可办理转账结算和符合国家现金管理规定的现金收付。

（四）专用存款账户

单把某一项资金拿出来，方便管理和使用存款，所以新开设的账户叫专用存款账户。开设专用存款账户需要经过中国人民银行批准。

二 银行结算账户的开立

（一）开立基本存款账户的要求

1. 企业、个体工商户应出具当地工商行政管理部门核发的"企业法人执照"或"营业执照"正本。

2. 机关、事业单位应出具中央或地方编制委员会、人事、民政等部门批文。

3. 社会团体应出具社会团体登记证书，宗教组织还应出具宗教事务管理部门的批文。

4. 民办非企业组织应出具民办非企业登记证书。

5. 外国驻华机构应出具国家有关主管部门的批文或证明；外资企业驻华代表处、办事处应出具国家登记机关颁发的登记证。

（二）银行基本存款账户的开立程序

1. 填写开户申请书。

2. 向银行提供开户所需的证明资料，一般包括企业法人营业执照、法人代表身份证、公司章程、公章、财务章、法定代表人章等，每个银行需要的资料可能略有差异，具体情况可咨询开户银行（注：法定代表人或者单位负责人授权他人办理，还应出具法定代表人或者单位负责人的授权书以及被授权人的有效身份证）。

3. 预留印鉴卡片。

4. 签订银行结算协议。

5. 开设网银账户，办理网银U盾。

6. 银行审核备案。

7. 备案成功后领取《基本存款账户信息》及存款人查询密码。

8. 根据企业需要签订其他协议，如银行账户扣费协议、银行对账协议等。

（三）开立一般存款账户

存款人开立一般存款账户没有数量限制，存款人可自主选择不同经营理念的银行，但是一般存款账户不能在存款人基本存款账户的开户银行（同一营业机构）开立。

存款人开立一般存款账户，应填制开户申请书，并向开户银行出具以下证明文件：

1. 开立基本存款账户规定的证明文件。

2. 提供基本存款账户编号。

3. 存款人因向银行借款需要，应出具的借款合同。

4. 存款人因资金结算需要，应出具有关证明。

（四）开立临时存款账户

临时存款账户用于办理临时机构及存款人临时经营活动发生的资金收付。临时存款账户应根据有关开户证明文件确定的期限或存款人的需要确定其有效期限。存款人在账户的使用中需要延长期限的，应在有效期内向开户银行提出申请，并由开户银行报中国人民银行当地分支行核准后办理展期，并由该分支行收回原临时存款账户许可证，颁发新的临时存款账户开户许可证。中国人民银行当地分支行不核准展期申请的，存款人应当及时办理该临时存款账户的撤销手续。临时存款账户的有效期最长不得超过2年。

1．临时存款账户的适用对象

（1）设立临时机构，如设立工程指挥部、筹备领导小组、摄制组等。

（2）异地临时经营活动，如建筑施工及安装单位等在异地的临时经营活动。

（3）注册验资（注册验资的临时存款账户在验资期间只收不付）。

（4）境外（含港澳台地区）机构在境内从事经营活动等。

2．开立临时存款账户的证明文件

（1）临时机构，应出具其驻在地主管部门同意设立临时机构的批文。

（2）异地建筑施工及安装单位，应出具其营业执照正本或其隶属单位的营业执照正本，以及施工及安装地建设主管部门核发的许可证或建筑施工及安装合同，还应出具基本存款账户开户许可证。

（3）异地从事临时经营活动的单位，应出具其营业执照正本及临时经营地工商行政管理部门的批文，还应出具基本存款账户开户许可证。

（4）注册验资资金，应出具工商行政管理部门核发的企业名称预先核准通知书或有关部门的批文。

（五）开立专用存款账户

专用存款账户，是指企业因特定用途而特别开立的账户，该账户中的款项只能用于特定用途。

开立专用存款账户的目的是保证特定用途的资金专款专用，并有利于监督管理。《人民币银行结算账户管理办法》强调，只有法律、行政法规和规章规定要专户存储和使用的资金，才纳入专用存款账户管理。

1．专用存款账户的适用对象

（1）基本建设资金；（2）更新改造资金；（3）粮、棉、油收购资金；（4）证券交易结算资金；（5）期货交易保证金；（6）信托基金；（7）政策性房地产开发资金；（8）单位银行卡备用金；（9）党、团、工会设在单位的组织机构经费；（10）社会保障基金；（11）住房基金；（12）收入汇缴资金和业务支出资金；（13）其他需要专项管理和使用的资金。

2．申办文件

存款人申请开立专用存款账户，应向中国人民银行出具其开立基本存款账户规定的证明文件、基本存款账户开户许可证和下列证明文件（同一证明文件只能开立一个专用存款账户）：

（1）基本建设资金、更新改造资金、政策性房地产开发资金，应出具主管部门批文。（2）粮、棉、油收购资金，应出具主管部门批文。（3）单位银行卡备用金，应按照中国人民银行批准的银行卡章程的规定出具有关证明和资料。（4）证券交易结算资金，应出具证券公司或证券管理部门的证明。（5）期货交易保证金，应出具期货公司或期货管理部门的证明。（6）收入汇缴资金和业务支出资金，应出具基本存款账户存款人有关的证明。（7）党、团、工会设在单位的组织机构经费，应出具该单位或有关部门的批文或证明。（8）其他按规定需要专项管理和使用的资金，应出具有关法规、规章或政府部门的有关文件。（9）合格境外机构投资者在境内从事证券投资开立的人民币特殊账户和人民币结算资金账户纳入专用存款账户管理，其开立人民币特殊账户时应出具国家外汇管理部门的批复文件，开立人民币结算资金账户时应出具证券管理部门证券投资业务的许可证。

三 银行结算账户的变更

变更是指企业在开户时提交给银行的信息发生改变。根据账户管理要求，企业变更账户名称、法人代表、主要负责人、U盾管理员或地址等重要信息，应及时向开户银行办理变更手续，填写变更银行结算账户申请书，并加盖企业公章和法定代表人章。

企业变更公司名称，但不改变开户银行账号的，企业需要向银行交验工商行政管理部门登记的营业执照，经银行查实后，根据不同情况变更银行账户名称或撤销原账户并开立新账户。

企业需要变更银行预留印鉴章的，应携带新旧印鉴章并填写变更印鉴申请书，重新向银行预留印鉴章并领取新的银行印鉴卡。

四 银行结算账户的撤销

撤销是指开户企业因关、停、并、转等原因终止银行结算账户使用的行为，应向银行提出撤销账户申请，需填写撤销银行结算账户申请书，并按要求加盖公章和法定代表人章。企业撤销银行结算账户时，必须与开户银行核对银行结算账户存款余额，交回各种重要空白票据、结算凭证和开户许可证，经银行核对无误后，方可办理销户手续。

撤销银行结算账户时，应先撤销一般存款账户、专用存款账户、临时存款账户，将账户资金转入基本存款账户后，方可办理基本存款账户的撤销。如果企业在银行的账户连续一年没有发生收付活动，开户银行经过调查认为该账户无须继续保留，即可通知开户单位来银行办理销户手续，开户单位须在通知发出之日起30日内来行办理销户手续，逾期视同自愿销户。

第二节 票据及其他结算方式

微信扫一扫
免费看课程

银行票据是指由银行签发或由银行承担付款义务的票据，是一种银行信用的表现形式。它是针对商业票据信用度和流通性上的缺陷产生和发展起来的，由于银行聚集了大量的社会闲散资金，其资金规模和商业信誉远远高于普通企业，因此其发行的票据具有可靠的担保，适用范围更加广泛，可以被各个商品生产组织所接受。

一 票据的种类

银行票据主要包括银行签发的支票、银行汇票、银行本票、商业汇票等。

（一）支票

支票是指出票人签发的，委托开户银行见票无条件将款项支付给收款人或者持票人的票据。支票分为现金支票、转账支票和普通支票三种。

1. 现金支票，只能用于提取现金。现金支票的样式如图5-1所示。

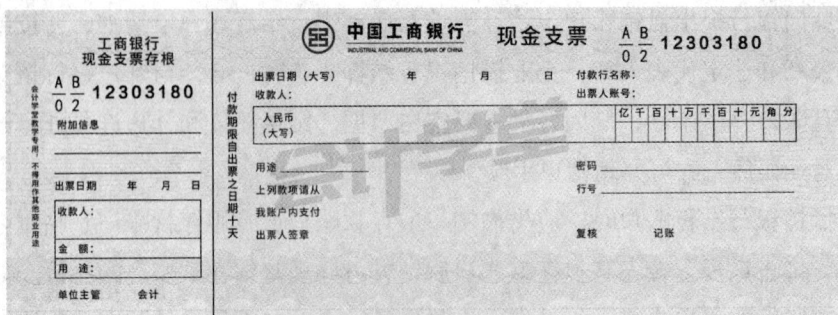

图5-1　现金支票一般样式

2. 转账支票，是由出票人签发的，委托办理支票存款业务的银行在见票时无条件转账支付确定的金额给收款人或持票人的票据。在银行开立存款账户的单位和个人客户，用于同城交易的各种款项，均可签发转账支票，委托开户银行办理付款手续。转账支票只能用于转账。自2007年6月25日起支票实现了全国通用，异城之间也可使用支票进行支付、结算。转账支票的样式如图5-2所示。

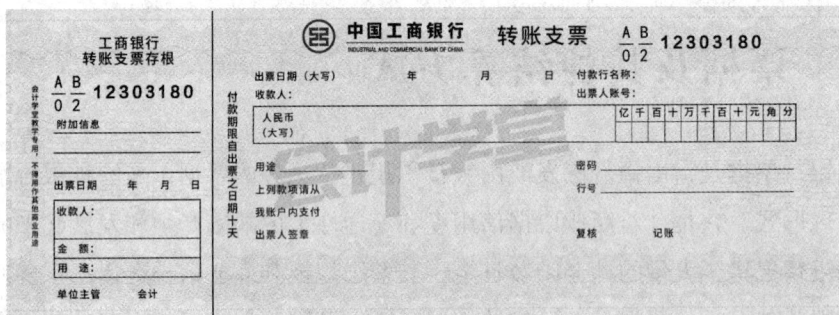

图5-2　转账支票一般样式

3. 普通支票上未印有"现金"或"转账"字样。普通支票可以用于支取现金，也可以用于转账。普通支票的样式如图5-3所示。

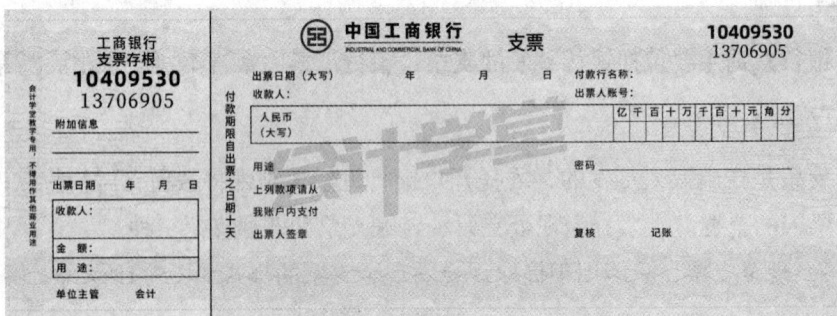

图5-3　普通支票一般样式

4. 支票的结算要求

（1）支票金额起点为100元。

（2）支票一律记名，在签发时必须注明收款人名称，只准收款人或签发人向银行办理转账或提取现金。在中国人民银行总行批准的地区，转账支票可以背书转让。背书时，应由收款人在支票背面签章，将支票款项转让给另一收款人，即被背书人。票据的背书转让可以使一张票据在多个企业中发挥多次支付作用。

（3）支票提示付款期为10天（从签发支票的当日起，到期日遇法定休假日顺延）。过期支票作废，银行不予受理。

（4）签发现金支票需符合现金管理规定。收款单位凭现金支票收取现金，须在支票背面加盖企业银行预留印章，即背书；同时，由收款单位到签发企业开户银行支取现金。支取现金时，应按银行规定交验有关证件。

（5）对于签发空头支票或印章与预留印鉴不符的支票，银行除退票外，还将按票面金额处以5%但不低于1 000元的罚款；持票人有权要求出票人赔偿支票金额的2%作为赔偿金。

（6）不准签发远期支票。远期支票是指签发当日以后的支票，因为签发远期支票容易造成空头支票，所以银行禁止签发远期支票。

（7）不准出租、出借支票。

（8）如已签发的现金支票遗失，可以向银行申请挂失。挂失前已经支付的，银行不予受理。已签发的转账支票遗失，银行不受理挂失，但可以请收款单位协助防范。

5. 支票结算程序

在采用支票结算方式时，出纳人员须严格按照支票结算的要求取得或签发支票，并按银行规定的程序进行处理，保证支票在收款、支付及背书转让过程中的安全。

（1）现金支票结算程序。用现金支票提取现金时，由付款单位出纳人员签发现金支票并加盖银行预留印鉴后，到开户银行提现。用现金支票向外单位或个人支付现金时，由付款单位出纳人员签发现金支票并加盖银行预留印鉴后交收款人，同时收款人需在存根联上签收。

（2）转账支票结算程序。转账支票由付款人签发后，应直接交给付款人开户银行，委托开户银行将款项划转给收款人；也可以直接交给收款人，由收款人委托开户银行代收。二者在结算程序上略有不同，详细流程参看图5-4和图5-5。

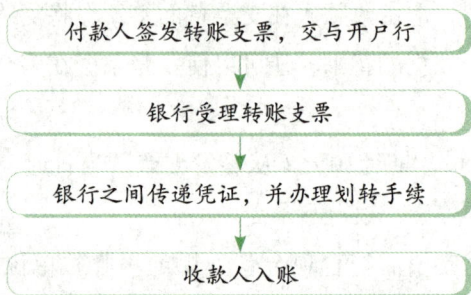

图5-4　付款人签发支票委托开户行办理转账结算的一般流程

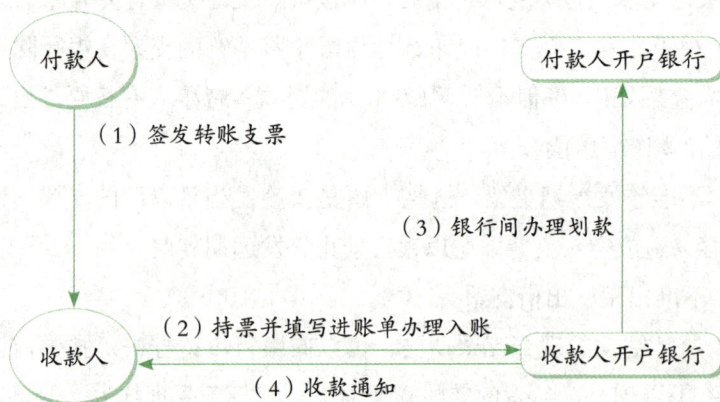

图5-5　付款人签发支票交收款人办理转账结算的一般流程

（二）银行汇票

银行汇票是指由出票银行签发的，由其在见票时按照实际结算金额无条件付给收款人或者持票人的票据。

银行汇票可以用于转账，填明"现金"字样的银行汇票也可用于支取现金。单位和个人在异地、同城或统一票据交换区域进行各种款项结算，包括商品交易、劳务供应和其他经济活动及债权、债务等各种款项的结算，均可使用银行汇票。

1．申请银行汇票

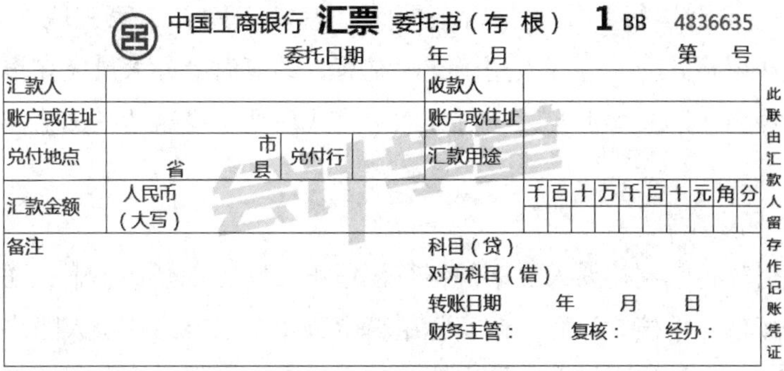

中国工商银行 汇票 委托书（存 根） 1 BB 4836635

委托日期 年 月 第 号

汇款人				收款人										
账户或住址				账户或住址										
兑付地点	省 市县	兑付行		汇款用途										
汇款金额	人民币（大写）				千	百	十	万	千	百	十	元	角	分
备注				科目（贷） 对方科目（借） 转账日期 年 月 日 财务主管： 复核： 经办：										

此联由汇款人留存作记账凭证

图5-6 银行汇票委托书

财务部门应按规定向签发银行提交“银行汇票委托书”（如图5-6所示），逐项写明汇款人名称和账号、收款人名称和账号、兑付地点、汇款金额、汇款用途等内容，并在“汇票委托书”上加盖汇款人预留银行的印鉴，由银行审查后签发银行汇票。如果汇款人未在银行开立存款账户，则可以交存现金办理汇票。

2．签发银行汇票

签发银行受理“银行汇票委托书”，经过验对“银行汇票委托书”的内容和印鉴，并在办妥转账或收妥现金之后，即可向汇款人签发转账或支取现金的银行汇票（如图5-7所示）。如个体经济户和个人需要支取现金的，应在汇票“出票金额”栏先填写“现金”字样，后填写汇款金额，再加盖印鉴，将汇票和解讫通知交汇款人。

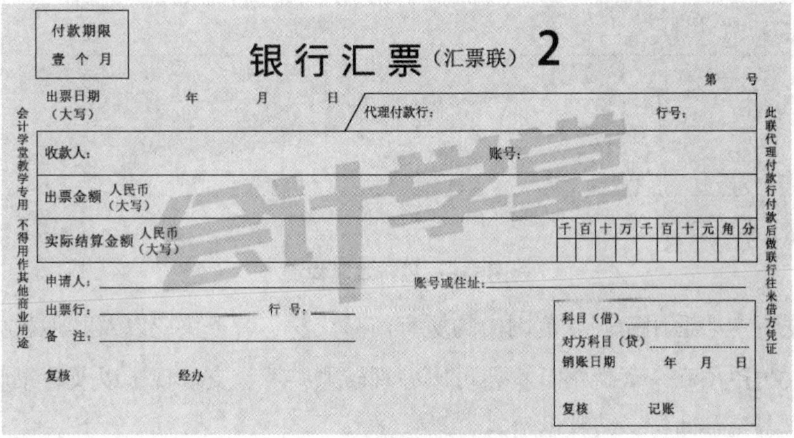

付款期限 壹个月

银行汇票（汇票联） 2

第 号

出票日期（大写） 年 月 日

代理付款行： 行号：

收款人： 账号：

出票金额 人民币（大写）

实际结算金额 人民币（大写）

千	百	十	万	千	百	十	元	角	分

申请人： 账号或住址：

出票行： 行号：

备注：

复核 经办

科目（借）

对方科目（贷）

销账日期 年 月 日

复核 记账

会计学堂教学专用 不得用作其他商业用途

此联代理付款行付款后做联行往来借方凭证

图5-7 银行汇票票样

3．支付结算

申请人拿到银行签发的银行汇票第二联（正联）、第三联（解讫通知联）时，便可将其交给经办人用于支付结算，结算时经办人员应在银行汇票的“实际结算金额”处填上实际支付金额，完成后便可将这两联交给收款人办理结算。

4．收回多余款

代理付款行收到持票人交来的银行汇票第二联（正联）、第三联（解讫通知）及进账单并审核无误后，按实际结算金额将款项转给持票人账户，并将银行汇票第三联（解讫通知）寄给出票行。如果有多余款，出票行还需将多余款项汇转申请人账户，同时将银行汇票第四联（多余款收账通知）交给申请人，申请人据以做入账处理。

（三）银行本票

银行本票是申请人将款项交存银行，由银行签发的承诺自己在见票时无条件支付确定的金额给收款人或者持票人的票据。银行本票的样式如图5-8所示。

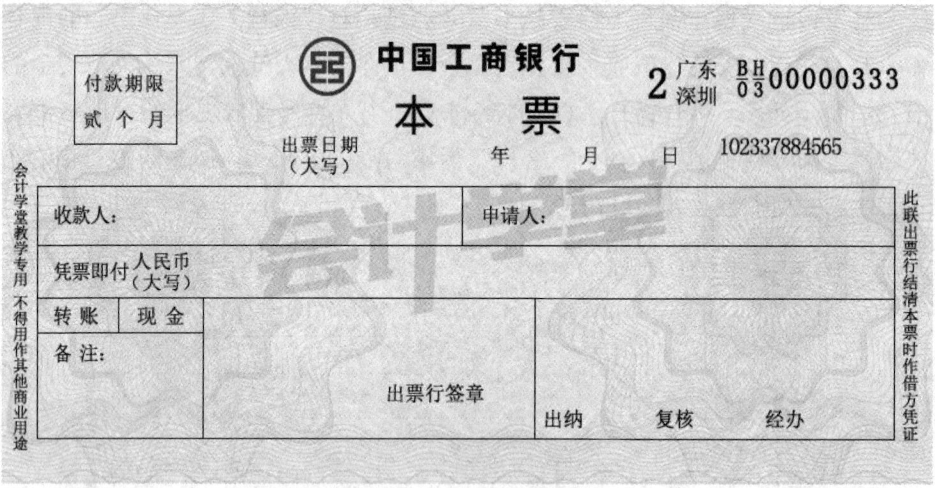
付款期限 贰个月
中国工商银行
本 票
2 广东深圳 BH/03 00000333
出票日期（大写） 年 月 日 102337884565
收款人： 申请人：
凭票即付 人民币（大写）
转账 现金
备注：
出票行签章
出纳 复核 经办
会计学堂教学专用 不得用作其他商业用途
此联出票行结清本票时作借方凭证

图5-8 银行本票样式

银行本票适用于同城范围内的所有商品交易、劳务供应以及其他款项的结算。收款单位和个人持银行本票可以办理转账结算、支取现金以及背书转让。银行本票见票即付，结算迅速。

银行本票的内容包括表明“银行本票”的字样、无条件支付的承诺、确定的金额、收款人名称、出票日期和出票人签章。

1. 申请办理银行本票

申请人应向银行填写一式三联的“银行本票申请书”（如图5-9所示），详细填明收款人名称、金额、日期等内容，并加盖预留银行印鉴。个体经营者或个人需要支取现金的，还应填明“现金”字样。

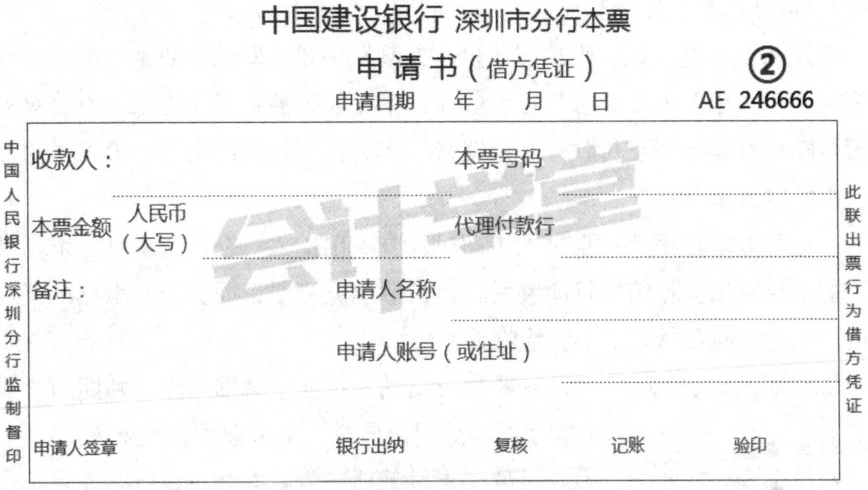
中国建设银行 深圳市分行本票

申请书（借方凭证） ②

申请日期 年 月 日 AE 246666

中国人民银行深圳分行监制督印

收款人： 本票号码

本票金额 人民币（大写） 代理付款行

备注： 申请人名称

申请人账号（或住址）

申请人签章 银行出纳 复核 记账 验印

此联出票行为借方凭证

图5-9 银行本票申请书

2. 银行本票签发

出票银行受理“银行本票申请书”，收妥款项，签发银行本票交给申请人。签发银行本票必须记载下列事项：表明“银行本票”字样、无条件支付的承诺、确定的金额、收款人名称、出票日期和出票人签章。欠缺记载上列事项之一的，银行本票无效。

3. 银行本票付款

兑付银行在接到收款人或被背书人交来的本票和两联进账单时，应对本票进行严格审查，经审查确认无误后，办理兑付手续。

（四）商业汇票

商业汇票是出票人签发的，委托付款人在指定日期无条件支付确定的金额给收款人或者持票人的票据。

按照承兑人的不同，商业汇票可以分为商业承兑汇票和银行承兑汇票两种。

商业承兑汇票是指由银行以外的企事业单位承兑的汇票。商业承兑汇票适用于在银行开立账户的法人之间根据购销合同进行的商品交易，在同城和异地均可使用。

银行承兑汇票是指由银行承兑的汇票。银行承兑汇票适用于国有企业、股份制企业、集体所有制工业企业以及三资企业之间根据购销合同进行的商品交易。其他法人和个人之间不得使用银行承兑汇票。

1. 商业承兑汇票结算

签发商业承兑汇票：收款方或付款方签发一式三联的商业承兑汇票，第一联为卡片，由承兑人（即付款方）留存；第二联为商业承兑汇票，由收款方开户银行随结算凭证寄往付款方开户银行，作为付出传票的附件；第三联为存根联，由签发人留存备查。

承兑商业承兑汇票：承兑人（即付款方）出纳人员在商业承兑汇票（第二联）的承兑栏加盖预留银行印鉴后，在商业承兑汇票正面签署"承兑"字样，并将承兑后的商业承兑汇票交给收款方。

持到期汇票委托银行收款：收款方出纳人员或被背书人将要到期的商业承兑汇票送交开户银行办理收款手续，此时，收款一般采取委托收款方式。

银行办理委托收款、通知付款、支付款项：收款方开户银行办理委托收款凭证，连同商业承兑汇票传递给付款方开户银行，后者收到委托后，应通知付款方付款。付款方应于商业承兑汇票到期日前将票款足额交存其开户银行，开户银行收到款后将款项划给收款方开户银行。

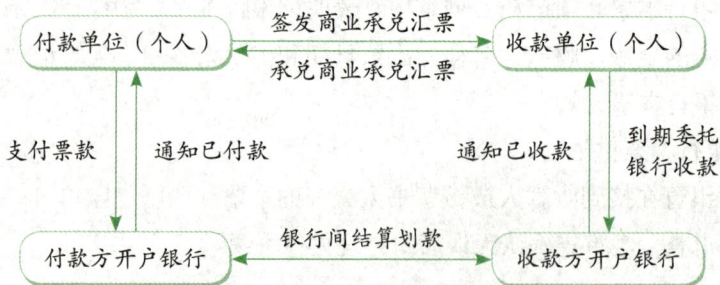

图5-10　商业承兑汇票的结算流程

2. 银行承兑汇票结算

（1）出票

承兑申请人（即付款人）签发银行承兑汇票。

申请承兑并签订承兑协议：承兑申请人（即付款人）持银行承兑汇票和购销合同，向其开户银行申请承兑。银行按有关规定审查同意后，与承兑申请人签订承兑协议一式三联，并在银行承兑汇票上注明承兑协议编号，加盖印章，然后将第二联银行承兑汇票和第三联解讫通知单交给承兑申请人。

（2）同意承兑

付款方开户银行与付款方签订承兑协议后，即表示同意承兑。

送交银行承兑汇票：付款方（即承兑申请人）将第二联银行承兑汇票和第三联解讫通知单交给收款人。收款人或被背书人应在银行承兑汇票到期时，填写两联进账单，然后将银行承兑汇票解讫通知连同进账单递交其开户银行办理收款入账手续。银行按规定审查无误后，在第一联进账单加盖转讫章作收账通知交给收款人，收款人凭此联做收款入账手续。

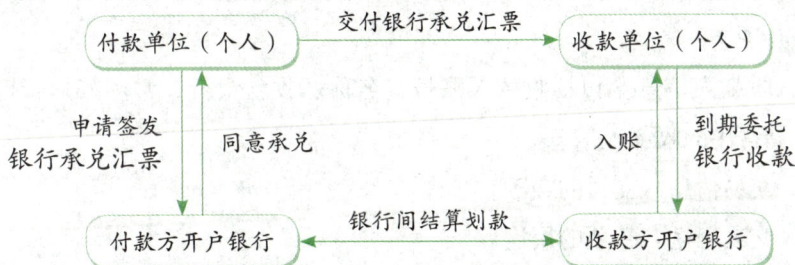

图5-11 银行承兑汇票的结算流程

二 网上银行

网上银行又称网络银行、在线银行，是指银行利用Internet技术，通过Internet向客户提供开户、查询、对账、行内转账、跨行转账、信贷、网上证券、投资理财等传统服务项目，使客户足不出户就能够安全便捷地管理活期和定期存款、支票、信用卡及个人投资等。

企业网上银行一般提供账户余额查询、交易记录查询、总账户与分账户管理、转账、在线支付各种费用、透支保护、储蓄账户与支票账户资金自动划拨、商业信用卡、投资等服务。部分网上银行还为企业提供网上贷款业务。

申请网上支付时，一般银行会给企业几个不同权限的USB Key（即U盾），并且每个USB Key的密码不一致，企业获得USB Key及口令之后，就可以进行网

上支付的相关操作了。USB Key的样式如图
5-12所示。

由于银行给企业的USB Key分有不同的权
限，企业使用USB Key进行网上支付既减少了
网络交易给企业带来的资金风险，又可以防
止企业内部工作人员挪用资金。企业在使用
网上支付业务时，不同岗位的人员应根据自
己的权限进行相关操作。一般情况下，USB
Key的使用者主要有操作员和审核员。

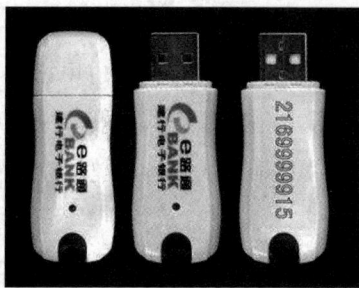

图5-12　USB Key样式

（一）操作员

操作员主要在支付款项时负责录入相关的交易信息。一般需要录入的信息
有以下几项：

1. 收款人信息：包括收款人账号、名称、收款银行，常用账户管理中，
可以存储常用的收款人信息。

2. 交易信息：支付的金额。

3. 交易用途：款项的用途。

4. 操作：第一步，登录相关银行官网界面，选择企业网上银行；第二
步，插入USB Key，点击"登录"；第三步，选择有效期内的经办证书，点击
"确定"；第四步，输入USB Key密码，点击"确定"进入网上银行登录主界
面；第五步，输入网银登录密码，点击"登录"进入网上银行操作界面首页；
第六步，核对公司相关信息；第七步，制单，输入需要操作的业务信息，包括
金额、用途、日期、收款人信息等；第八步，核对操作的业务信息，核算无误
后点击"确定"，并发送至下一级人员审核。

（二）审核员

审核员主要负责审核出纳提交的付款信息。复核一般分为复核信息无误和
复核信息有误两种情况。

1. 复核信息无误：审核员输入密码进入首页后，复核相关支付信息无误
时，只需要单击"提交"通过审核即可。

2. 复核信息有误：审核员输入密码进入首页后，复核相关支付信息有误时，只需单击"拒绝支付"，则直接拒绝支付并返回给操作员进行相应的修改操作。

三　汇兑结算

汇兑是汇款单位委托银行将款项汇往异地收款单位的一种结算方式，适用于异地单位、个体经济户和个人各种款项的结算。按照划转款项的方法以及传递方式不同，汇兑可以分为信汇和电汇两种。

（一）信汇

信汇是汇款人向银行提出申请，同时交存一定金额及手续费，汇出行将信汇委托书以邮寄方式寄给汇入行，授权汇入行向收款人解付一定金额的一种汇兑结算方式。

（二）电汇

电汇是由汇款人将一定款项交存汇款银行，汇款银行通过电报或者电传将款项划给目的地的分行或代理行（汇入行），指示汇入行向收款人支付一定金额的一种汇款方式。

签发汇兑凭证应记载的事项如下，如欠缺以下记载事项之一，银行不予受理：

1. 表明"信汇"或"电汇"的字样；
2. 无条件支付的委托；
3. 确定的金额；
4. 收款人名称；
5. 汇款人名称；
6. 汇入地点、汇入行名称；
7. 汇出地点、汇出行名称；
8. 委托日期；
9. 汇款人签章。

第
三
节

微信扫一扫
免费看课程

银行存款收支业务的账务处理

企业把款项存入银行，表明企业银行存款的数额增加，记入"银行存款"账户的借方；企业从银行账户提取现金或支付款项，表明企业银行存款数额减少，记入"银行存款"账户的贷方。"银行存款"账户期末余额在借方，表示企业银行存款在期末的结存数。

例5-1 金马商贸有限公司（一般纳税人）4月份发生银行存款收支业务如下：

（1）4月3日，出纳使用现金支票从银行提取备用金3 000元。请编制会计分录。

学堂点拨

借：库存现金	3 000
贷：银行存款	3 000

（2）4月6日，企业外购原材料一批，价款10 000元，增值税1 300元，出纳通过银行账户转账支付。请编制会计分录。

学堂点拨

借：原材料	10 000
应交税费——应交增值税（进项税额）	1 300
贷：银行存款	11 300

（3）4月12日，出纳通过银行存款账户转账支付3月份物业费600元。请编制会计分录。

学堂点拨

借：管理费用	600
贷：银行存款	600

（4）4月28日，银行存款账户收到浩博公司所欠货款40 000元。请编制会计分录。

学堂点拨

借：银行存款	40 000
贷：应收账款——浩博公司	40 000

第四节

微信扫一扫
免费看课程

银行存款日记账的登记、对账和结账

银行存款日记账是专门用于记录银行账户中的收入、支出和结存的数据的。出纳要逐一登记银行存款的收支明细，结出银行账户当日余额。

一　银行存款日记账的设置

为了及时掌握银行存款的结存情况，便于与银行核对账目，出纳应根据不同的银行分别设置不同的银行存款日记账。

银行存款日记账一般采用订本式账簿，其账页格式一般采用"借方（收入）""贷方"（支出）和"余额"（结存）三栏式。如图5-13所示。

银行存款日记账

总1页　第 1 页

2019年 月	日	凭证编号	支票 种类	票号	摘要	对方科目	借方 亿千百十万千百十元角分	贷方 亿千百十万千百十元角分	借或贷	余额 亿千百十万千百十元角分	核对
5	1				期初金额				借	3 0 0 0 0 0	√
5	2	记字03	略	略	购买办公用品	管理费用		2 0 0 0 0	借	2 8 0 0 0 0	√
5	6	记字06	略	略	提取备用金	银行存款	1 0 0 0 0 0		借	3 8 0 0 0 0	√
5	13	记字11	略	略	销售部王明预支差旅费	其他应收款		9 0 0 0 0	借	2 9 0 0 0 0	√
5	21	记字15	略	略	收回王明报同差旅费余款	其他应收款	3 0 0 0 0		借	3 2 0 0 0 0	√
5	31				本月合计		1 3 0 0 0 0	1 1 0 0 0 0	借	3 2 0 0 0 0	
12	31				本年累计		1 1 6 0 9 0 0 0	1 1 3 3 2 0 0 0	借	3 2 0 0 0 0	
					结转下年				借	3 2 0 0 0 0	

图5-13　银行存款日记账示例

二 银行存款日记账的启用

在开始建立新的账本前，应在账簿启用表中填写单位名称、账簿名称、账簿编号和启用日期，在经管本账簿人员一栏中写明经管人员姓名、职别、启用或接管日期，由会计主管人员签名并加盖公章。如图5-14所示。

账簿启用表						贴印花处
单位名称	深圳市金马商贸有限公司	（加盖公章）		负责人	职务	姓名
账簿名称	银行存款日记账	第 1 册		单位领导	总经理	张美海
账簿编号	第 5 号	启用日期	2019 年 12 月 1日	会计主管	会计主管	周建毓
账簿页数	本账簿共计 25 页			主办会计	会计	齐红

经营本账簿人员一览表								
记账人员		接管日期	移交日期	监交人员		备注		
职别	姓名	盖章	年 月 日	年 月 日	职务	姓名		
会计	齐红	齐红						

图5-14 银行存款日记账账簿启用表

银行存款日记账通常是由出纳人员根据审核后的有关银行存款收、付款凭证，逐日逐笔顺序登记的。具体要求为以下几点：

（一）所记载的经济业务内容必须同记账凭证相一致，不得随意增减；

（二）根据复核无误的银行存款收、付款记账凭证登记账簿；

（三）必须连续登记，不得跳行、隔页，不得随意更换账页或撕扯账页；

（四）要按经济业务发生顺序逐笔登记账簿；

（五）要使用钢笔，以蓝、黑色墨水书写，不得使用圆珠笔（银行复写账簿除外）或铅笔书写；

（六）文字和数字必须整洁清晰、准确无误；

（七）每一账页记完后，必须按规定转页，其方法与现金日记账相同；

（八）每月月末必须按规定结账。

三 银行存款日记账的核对

银行存款日记账的核对是通过与银行送来的对账单进行核对完成的。银行存款日记账的核对主要包括三个方面的内容：账证核对，即银行存款日记账与银行存款收、付款凭证相核对；账账核对，即银行存款日记账与银行存款总账相核对；账实核对，即银行存款日记账与银行送来的银行存款对账单相核对。

（一）账证核对

银行存款日记账的登记依据是收、付款凭证，账目和凭证要完全一致。账证核对主要是按照业务发生的先后顺序，对其进行逐笔核对：

1. 核对凭证的编号；

2. 检查记账凭证与原始凭证是否一致；

3. 检查账证金额与方向是否一致；

4. 如有差错须按规定方法更正。

（二）账账核对

银行存款日记账是根据收、付款凭证逐项登记的，银行存款总账是根据收、付款凭证汇总登记的，它们的记账依据是相同的，因此记录结果要求一致。但是，由于两种账簿是由不同人员分别记账的，而且总账一般是汇总登记的，所以在汇总和登记的过程中，都有可能发生差错。日记账是一笔一笔逐项登记的，记录次数多，难免会发生差错。出纳人员平时应经常核对两账的余额，每月终了结账时，总账各科目的借方发生额、贷方发生额以及月末余额都已试算平衡后，一定要将其分别同银行存款日记账中的本月收入合计数、支出合计数和余额相互核对。如果两者不符，应先查出哪一方出现了错误，如果差错在借方，则要及时查找银行存款收款凭证和银行存款收入一方的账目；反之，则要查找银行存款付款凭证和银行存款付出一方的账目。找出差错后应立即加以更正，做到账账相符。

（三）账实核对

银行开出的银行存款对账单和银行存款日记账记录的发生额和期末余额应该是完全一致的，虽然它们是同一账号存款的记录，但是通过核对会发现双方的账目有时并不一致。

双方账目不一致的原因主要有以下两个方面：

1. 双方账目发生记录或计算上的错误

企业记账出现漏记、重记或银行对账单出现串户的情况。

2. 未达账项

（1）单位已入账，而银行尚未入账的收入事项。如单位存入银行的转账支票，银行尚未记入单位账户，因而未增加企业的存款。

（2）单位已入账，而银行尚未入账的付出事项。如单位签发的支票，单位已经入账，而银行尚未接到办理转账手续，因而未减少企业存款。

（3）银行已经入账，而单位尚未入账的收入事项。如银行代收的票据及利息，银行已转入单位的存款账户，而单位未能及时收到通知，因而并未入账。

（4）银行已经入账，而单位尚未入账的付款事项。如银行代扣的水电费、代扣的银行借款利息等已从单位的账户中扣除，而单位尚未收到银行通知，因而尚未入账。

当出现（1）和（4）的情况时，单位银行存款的账面余额会大于银行对账单的余额；当出现（2）和（3）的情况时，单位银行存款的账面余额会小于银行对账单的余额。若未达账项不及时查对与调整，单位会无法确认实有存款数，不利于合理调配使用资金、发挥资金的应有效用，还容易开出空头支票，给单位造成不必要的经济损失。

核对的具体方法：

第一步，对凭证的种类、编号、摘要进行逐项核对。

第二步，对凭证的记账方向、金额、记账日期进行逐项核对。

第三步，对账单与银行存款日记账记录内容相同的，可用"√"在对账单和日记账上标注，以表明该笔业务核对一致。

第四步，发现未达账项时，应编制银行存款余额调节表进行调节，使双方余额相等。

四 银行存款日记账的结账

结账就是把一定时期（日、月、年）内发生的经济业务全部登记入账后，计算并记录各种账簿的本期发生额和期末余额，进行试算平衡，并结转下期或下年度账簿的一种账务处理方法。

（一）日结

每日业务终了时，出纳人员逐笔逐序地登记完银行存款日记账后，结出本日余额。如图5-15所示。

开户行：**银行**分行
账号：1234 **** **** 7879

银 行 存 款 日 记 账　　　　　总50页　第2页

2019年 月	日	凭证编号	支票 种类	支票 票号	摘　要	对方科目	借　方	贷　方	借或贷	余　额	核对
					承前页		3219300	1736800	借	7638200	√
					本月合计		3219300	1736800	借	7638200	√
					本年累计		3219300	1736800	借	7638200	√
2	02	001			提取备用金			200000	借	7438200	√
					本日合计			200000	借	7438200	√
2	05	003			支付**公司货款			1500000	借	5938200	√
2	05	012			缴纳上月增值税			300000	借	5638200	√
					本日合计			1800000	借	5638200	√
2	22	028			收到**公司货款		2000000		借	7638200	√
					本日合计		2000000		借	7638200	√
					本月合计		2000000	2000000	借	7638200	√

图5-15　银行存款日记账的日结

（二）月结

月结账是以一个月为结账周期，每个月末对本月内的经济业务进行总结。在每月月底，要采用划线结账的方法进行结账，即在账户的最后一笔账的下一行结出"本期发生额"和"期末余额"；月末如无余额，应在"借或贷"一栏中注明"平"，并在"余额"栏中记"0"后划一条红线。最后出纳人员应在"摘要"栏内注明"本月合计"字样。如图5-16所示。

银 行 存 款 日 记 账　　　　　总1页　第1页

2019年 月	日	凭证编号	结算方式 类	结算方式 号码	摘　要	对方科目	借　方	贷　方	借或贷	余　额	核对
					承前页		51300000	81600000	借	29700000	√
					本月合计		51300000	81600000	借	29700000	√
6	3	现付字第001	现		现存	银行存款	300000		借	30000000	√
6	6	银收字第001	转支	1248	收回万商公司前欠款	应收账款	1200000		借	31200000	√
6	12	银付字第001	转		支付上月水电费	其他应付款		50000	借	31150000	√
6	15	银付字第002	商汇	3215	预付材料采购款	预付账款		500000	借	30650000	√
6	28	银付字第003	汇兑	0615	支付前欠货款	应付账款		2000000	借	28650000	√
6	30	银付字第004	转		支付借款利息	财务费用		100000	借	28550000	√
6	30	银收字第002	转		收到本月存款利息	财务费用	130000		借	28680000	√
6	30				本月合计		1630000	2650000	借	28680000	√

图5-16　银行存款日记账的月结

（三）年结

年结账是以一年为周期，对本年度各项经济业务情况及结果进行总结。在年末，将全年的发生额累计登记在12月份合计数的下一行，在"摘要"栏内注明"本年累计"字样，并在下面划双红线。对于有余额的账户，应把余额结算至下一年，在年结数的下一行"摘要"栏内注明"结转下年"字样。在下一年新账页第一行的"摘要"栏内注明"上年结转"字样，并把上年年末的余额数填写在"余额"栏内。如图5-17所示。

银行存款日记账　　　　总1页　第1页

2019年 月	日	凭证编号	支票 种类	票号	摘　要	对方科目	借　方 亿千百十万千百十元角分	贷　方 亿千百十万千百十元角分	借或贷	余　额 亿千百十万千百十元角分	核对
5	1				期初金额				借	3 0 0 0 0 0	✓
5	2	记字03	略	略	购买办公用品	管理费用		2 0 0 0 0	借	2 8 0 0 0 0	✓
5	6	记字06	略	略	提取备用金	银行存款	1 0 0 0 0 0		借	3 8 0 0 0 0	✓
5	13	记字11	略	略	销售部王明预支差旅费	其他应收款		9 0 0 0 0	借	2 9 0 0 0 0	✓
5	21	记字15	略	略	收回王明退回差旅费余款	其他应收款	3 0 0 0 0		借	3 2 0 0 0 0	✓
5	31				本月合计		1 3 0 0 0 0	1 1 0 0 0 0	借	3 2 0 0 0 0	✓
12	31				本年累计		1 1 6 0 9 0 0 0	1 1 3 3 2 0 0 0	借	3 2 0 0 0 0	✓
					结转下年				借	3 2 0 0 0 0	✓

银行存款日记账　　　　总1页　第1页

2020年 月	日	凭证编号	支票 种类	票号	摘　要	对方科目	借　方 亿千百十万千百十元角分	贷　方 亿千百十万千百十元角分	借或贷	余　额 亿千百十万千百十元角分	核对
1	1				上年结转				借	3 2 0 0 0 0	✓

图5-17　银行存款日记账的年结

例5-2 2019年2月，快学商贸有限公司发生的银行存款相关业务如下表所示。

月	日	业务
2	2	使用现金支票，提取备用金2 000元（记账凭证号：001）
2	5	使用转账支票，支付XX公司货款15 000元（记账凭证号：003）
2	5	通过网上银行缴纳上月增值税3 000元（记账凭证号：012）
2	22	收到XX公司货款20 000元（记账凭证号：028）

2019年1月银行存款日记账月末结账的"本月合计"栏中，借方发生额为32 193元，贷方发生额为17 368元，借方余额为76 382元；"本年累计"栏中，借方发生额为32 193元，贷方发生额为17 368元，借方余额为76 382元；假设本月登记的银行存款日记账中"承前页"栏中，借方发生额为32 193元，贷方发

生额为17 368元,借方余额为76 382元。根据上述资料,登记快学商贸有限公司本月银行存款日记账,并完成本月的结账工作。

学堂点拨

开户行:**银行**分行
账号:1234 **** **** 7879

银 行 存 款 日 记 账   总50页 第2页

2019年		凭证编号	支票种类	支票票号	摘 要	对方科目	借方											贷方											借或贷	余额											核对
月	日						亿	千	百	十	万	千	百	十	元	角	分	亿	千	百	十	万	千	百	十	元	角	分		亿	千	百	十	万	千	百	十	元	角	分	
					承前页					3	2	1	9	3	0	0					1	7	3	6	8	0	0	借				7	6	3	8	2	0	0	√
					本月合计					3	2	1	9	3	0	0					1	7	3	6	8	0	0	借				7	6	3	8	2	0	0	√
					本年累计					3	2	1	9	3	0	0					1	7	3	6	8	0	0	借				7	6	3	8	2	0	0	√
2	02	001			提取备用金																	2	0	0	0	0	0	借				7	4	3	8	2	0	0	√
					本日合计																	2	0	0	0	0	0	借				7	4	3	8	2	0	0	√
2	05	003			支付**公司货款																1	5	0	0	0	0	0	借				5	9	3	8	2	0	0	√
2	05	012			缴纳上月增值税																	3	0	0	0	0	0	借				5	6	3	8	2	0	0	√
					本日合计																1	8	0	0	0	0	0	借				5	6	3	8	2	0	0	√
2	22	028			收到**公司货款					2	0	0	0	0	0	0												借				7	6	3	8	2	0	0	√
					本日合计					2	0	0	0	0	0	0												借				7	6	3	8	2	0	0	√
					本月合计					2	0	0	0	0	0	0					2	0	0	0	0	0	0	借				7	6	3	8	2	0	0	√

图5-18 快学商贸有限公司2019年2月银行存款日记账及结账

第五节

微信扫一扫
免费看课程

编制银行存款余额调节表

银行存款余额调节表,是在银行对账单余额与企业账面余额的基础上,各自加上对方已收、本单位未收账项数额,减去对方已付、本单位未付账项数额,以调整双方余额使其一致的一种调节方法。银行存款余额调节表的编制方法有三种,其计算公式分别如下:

企业账面存款余额=银行对账单存款余额+企业已收而银行未收账项-企业已付而银行未付账项+银行已付而企业未付账项-银行已收而企业未收账项

银行对账单存款余额=企业账面存款余额+企业已付而银行未付账项-企业已收而银行未收账项+银行已收而企业未收账项-银行已付而企业未付账项

银行对账单存款余额+企业已收而银行未收账项-企业已付而银行未付账项=企业账面存款余额+银行已收而企业未收账项-银行已付而企业未付账项

调节后，如果双方余额相等，说明双方记账没有错误；调节后，如果双方余额不相等，说明记账出现错误，原因可能是未达账项未全部查出或者一方或双方账簿记录有错误。无论是何种原因，都要进一步查清并加以更正，直到调节表中双方余额相等为止。

例5-3 2019年1月31日，浩博电子有限公司银行存款日记账余额为20 800元，银行对账单余额为24 400元，经查对，有下列未达账项：

（1）企业于1月8日存入银行的转账支票3 500元，银行尚未入账；

（2）企业于1月15日开出转账支票2 100元，银行尚未入账；

（3）1月21日委托银行代收的外埠货款6 800元，银行收到已经入账，企业未收到银行的收款通知，尚未入账；

（4）1月25日银行代付电费1 800元，企业尚未收到银行的付款通知，尚未入账。

根据上述未达账项，编制银行存款余额调节表。

学堂点拨

银行存款余额调节表

开户单位：浩博电子有限公司　　　　对账时点：2019年1月31日10时30分
开户银行：工商银行　　　　　　　　账　　号：44060032

项　目		金　额	项　目		金　额
银行存款日记账余额		20,800.00	银行对账单余额		24,400.00
加：银行已收企业未收款项	（3）	6,800.00	加：企业已收银行未收款项	（1）	3,500.00
	小计	6,800.00		小计	3,500.00
减：银行已付企业未付款项	（4）	1,800.00	减：企业已付银行未付款项	（2）	2,100.00
	小计	1,800.00		小计	2,100.00
调节后的余额		25,800.00	调节后的余额		25,800.00

制表人：张小　　　　　　　　　　制表日期：2019 年 1 月 31 日
审核人：吴宇　　　　　　　　　　审核日期：2019 年 1 月 31 日

图5-19　浩博电子有限公司2019年1月银行存款余额调节表

第
六
章

出纳涉税工作

第一节 税务登记

税务登记是税务机关对纳税企业开业、变更、歇业以及生产经营活动等进行的登记事项，具体包括开业登记、变更登记、停业与复业登记、注销登记等。

一 开业登记操作规范

（一）登记时限

企业新成立应当自领取营业执照之日起30日内，向当地主管税务机关办理税务登记。企业新设分支机构或生产、经营场所，除总机构办理税务登记外，新设分支机构或生产、经营场所应自设立之日起30日内，向所在地税务机关申报办理税务登记。

（二）登记程序

1. 出纳人员应填写"税务登记表"，并向税务机关提交规定所需的证件资料，交由税务机关受理审查。
2. 税务机关审查登记表和证件资料，确认符合规定后办理登记手续。
3. 办理税务登记手续后，出纳人员还需开通电子税务局。

4. 税务登记工作完成后，财务部门应整理税务登记过程中的资料文件，并建立登记资料档案，对其进行妥善保管，为后期税收管理提供可靠信息。

（三）所需资料

1. 营业执照副本或其他核准执业证件的原件及复印件。

2. 有关机关、部门批准设立的文件的原件及复印件。

3. 有关合同、章程或协议书的原件及复印件。

4. 法定代表人（负责人）身份证、护照或者其他合法身份证件原件及复印件。

5. 财务负责人身份证原件及复印件。

6. 开户许可证原件及复印件（如无开户许可证，需提供企业基本存款账户信息表）。

7. 经营场所证明（如房屋租赁合同、房产证等）原件及复印件。

8. 主管税务机关需要的其他资料、证件。

二 变更登记操作规范

（一）登记时限

企业已在工商行政机关办理变更登记的，应当自办理工商变更登记之日起30日内向原税务机关申报办理变更税务登记。企业按照规定不需要在工商行政机关办理变更登记或其变更登记内容与工商登记内容无关的，应当自实际变更发生之日起30日内，或自有关机关批准或宣布变更之日起30日内，向原税务机关申报办理变更税务登记。

（二）登记程序

1. 涉及工商登记内容变更的情况，出纳人员首先应向工商行政机关申请办理工商变更登记，不涉及工商登记内容变更的可直接向原税务机关申请办理变更税务登记。

2. 出纳人员填写"变更税务登记表"，同时向税务机关提交其他所需要的证件资料或者在电子税务局上提交税务登记变更申请，交由税务机关受理审核。

3. 税务机关审查通过后办理变更税务登记手续。

（三）所需资料

1. 工商登记营业执照。

2. 纳税人变更登记内容的有关证明文件。

3. 主管税务机关需要的其他资料、证明。

三　停业登记操作规范

实行定期定额征收方式缴纳税款的企业，在营业执照核准的经营期限内停业时，应向税务机关申报办理停业登记，说明停业理由、时间、停业前的纳税情况和发票的领、用、存情况，并如实填写申请停业申请表。

税务机关经过审核，应当责成申请停业的企业结清税款并收回发票领购证和发票，办理停业登记。

四　注销登记操作规范

（一）登记时限

1. 企业发生解散、破产、撤销以及其他情形，依法终止纳税义务的，应当在向工商行政管理机关或者其他机关办理注销登记前，向原税务登记机关申报办理注销税务登记。

2. 按规定不需要在工商行政管理机关或者其他机关办理注册登记的，应当自有关机关批准或宣告终止之日起15日内，持有关证件和资料向原税务登记机关申报办理注销税务登记。

3. 企业被工商行政管理机关吊销营业执照或者被其他机关予以撤销登记的，应当自营业执照被吊销或者被撤销登记之日起15日内，向原税务登记机关申报办理注销税务登记。

4. 企业因住所、经营地点变动，涉及改变税务登记机关的，应当在向工商行政管理机关或其他机关申请办理变更、注销登记前，或者住所、经营地点变动前，持有关证件和资料，向原税务登记机关申报办理注销税务登记，并自注销税务登记之日起30日内向迁达地税务机关申报办理税务登记。

5. 境外企业在中国境内承包建筑、安装、装配、勘探工程和提供劳务的，应当在项目完工、离开中国前15日内，持有关证件和资料，向原税务登记机关申报办理注销税务登记。

（二）登记程序

1. 出纳人员填写"注销税务登记表"，并向税务机关提交其他所需的证件资料，交由税务机关受理审核。

2. 税务机关审查证件资料，确认符合规定后，将相关资料转下一环节，清算企业未办结的涉税事项。

3. 税务机关通过以上审核后，核准企业的注销税务登记申请，在其报送的"注销税务登记申请审批表"上签署意见，经系统录入注销登记信息。

（三）所需资料

1. 发票申领证。

2. 增值税一般纳税人认定表及资格证。

3. 注销登记的有关决议及复印件。

4. 营业执照被吊销的应提交工商部门发放的吊销决定及复印件。

5. 当期申报表资料及完税凭证（结清税款、缴销发票的相关资料）。

6. 主管税务机关需要的其他证件和资料。

第二节 重要税种的核算

微信扫一扫
免费看课程

一 增值税的核算

增值税是以商品（含应税劳务）在流转过程中产生的增值额作为计税依据而征收的一种流转税。按照我国增值税法规定，增值税是以在我国境内销售货物，或者提供加工、修理修配劳务，销售服务、无形资产或不动产的增值额和货物进口金额为计税依据而征收的一种流转税。

（一）增值税的税率

增值税一般纳税人和小规模纳税人因分别适用不同的计税方法而适用不同的税率，一般纳税人适用的增值税税率叫作税率，小规模纳税人适用的税率为征收率。

表6-1 小规模纳税人以及允许适用简易计税方式计税的一般纳税人对应征收率

	简易计税	征收率
小规模纳税人以及允许适用简易计税方式计税的一般纳税人	小规模纳税人销售货物或者提供加工、修理修配劳务，销售应税服务、无形资产；一般纳税人发生按规定适用或者可以选择适用简易计税方法计税的特定应税行为，但适用5%征收率的除外	3%
	销售不动产；符合条件的经营租赁不动产（土地使用权）；转让营改增前取得的土地使用权；房地产开发企业销售、出租自行开发的房地产项目；符合条件的不动产融资租赁；选择差额纳税的劳务派遣、安全保护服务；一般纳税人提供人力资源外包服务	5%
	个人出租住房，按照5%的征收率减按1.5%计算应纳税额	5%减按1.5%
	纳税人销售旧货；小规模纳税人（不含其他个人）以及符合规定情形的一般纳税人销售自己使用过的固定资产，可依3%征收率减按2%征收增值税	3%减按2%

表6-2 一般纳税人增值税税率表

	增值税项目	税率
一般纳税人	销售或者进口货物（另有列举的货物除外）；销售劳务	13%
	销售或进口： 1. 粮食等农产品、食用植物油、食用盐； 2. 自来水、暖气、冷气、热水、煤气、石油液化气、天然气、二甲醚、沼气、居民用煤炭制品； 3. 图书、报纸、杂志、音像制品、电子出版物； 4. 饲料、化肥、农药、农机、农膜； 5. 国务院规定的其他货物	9%

（续上表）

	增值税项目		税率
一般纳税人	对增值税一般纳税人购进农产品，原适用10%扣除率的，扣除率调整为9%		9%
	对增值税一般纳税人购进用于生产或者委托加工13%税率货物的农产品，按照10%扣除率计算进项税额		10%
	交通运输服务	陆路运输服务、水路运输服务、航空运输服务（含航天运输服务）和管道服务、无运输工具承运业务	9%
	邮政服务	邮政普遍服务、邮政特殊服务、其他邮政服务	9%
	电信服务	基础电信服务	9%
		增值电信服务	6%
	建筑服务	工程服务、安装服务、修缮服务、装饰服务和其他建筑服务	9%
	销售不动产	转让建筑物、构筑物等不动产所有权	9%
	金融服务	贷款服务、直接收费金融服务、保险服务和金融商品转让	6%
	现代服务	研发和技术服务	6%
		信息技术服务	
		文化创意服务	
		物流辅助服务	
		鉴证咨询服务	
		广播影视服务	
		商务辅助服务	
		其他现代服务	
		有形动产租赁服务	13%
		不动产租赁服务	9%

（续上表）

增值税项目		税率
一般纳税人	生活服务	文化体育服务	6%
		教育医疗服务	
		旅游娱乐服务	
		餐饮住宿服务	
		居民日常服务	
		其他生活服务	
	销售无形资产	转让技术、商标、著作权、商誉、自然资源和其他权益性无形资产使用权或所有权	6%
		转让土地使用权	9%

表6-3　出口货物、服务、无形资产对应增值税税率

出口货物、服务、无形资产的情形		税率
纳税人	纳税人出口货物（国务院另有规定的除外）	零税率
	境内单位和个人跨境销售国务院规定范围内的服务、无形资产	零税率
	销售货物、劳务，提供的跨境应税行为，符合免税条件的	免税
	境内的单位和个人销售适用增值税零税率的服务或无形资产的，可以放弃适用增值税零税率，选择免税或按规定缴纳增值税。放弃适用增值税零税率后，36个月内不得再申请适用增值税零税率	

（二）一般纳税人增值税的税收核算

一般纳税人应纳增值税税额的计算公式为：

当期应纳增值税额＝当期销项税额－当期进项税额

1. 销项税额

销项税额是指纳税人销售货物、劳务、服务、无形资产或不动产，按照当期销售额和一般纳税人适用的增值税税率计算并向购买方收取的增值税额。

其计算公式为：当期销项税额＝不含税销售额×适用税率

当期销项税额＝组成计税价格×税率

例6-1 2019年5月1日，快学商贸有限公司（一般纳税人）销售商品一批，不含税金额360 000元，增值税税率为13%，已开具增值税专用发票。计算该笔业务的销项税额。

学堂点拨

销项税额＝360 000×13%＝46 800（元）

2. 进项税额

进项税额是指纳税人购进货物、加工修理修配劳务、服务、无形资产、不动产支付或者承担的增值税额。

（1）准予抵扣的进项税额

①从销售方取得的增值税专用发票上注明的增值税额。

②从海关取得的海关进口增值税专用缴款书上注明的增值税额。

③纳税人购进的农产品，按照下列规定抵扣进项税：

a. 取得一般纳税人开具的增值税专用发票或海关进口增值税专用缴款书的，以增值税专用发票或海关进口增值税专用缴款书上注明的增值税额为进项税额；

b. 从按照简易计税方法依照3%征收率计算缴纳增值税的小规模纳税人取得增值税专用发票的，以增值税专用发票上注明的金额和9%的扣除率计算进项税额；

c. 取得（开具）农产品销售发票或收购发票的，以农产品销售发票或收购发票上注明的农产品买价和9%的扣除率计算进项税额。买价，包括纳税人购进农产品在农产品收购发票或者销售发票上注明的价款和按规定缴纳的烟叶税。

自2019年4月1日起，纳税人购进农产品，原适用10%扣除率的，扣除率调整为9%，纳税人购进用于生产或委托加工13%税率货物的农产品，按照10%的扣除率计算进项税额。进项税额计算公式为：

进项税额＝买价×扣除率

例6-2 2019年5月10日，快学餐饮（一般纳税人）采购部从广东羊肉批发商贸有限公司购进一批羊肉，农产品送货单注明的价款为314 941.37元，适用扣除率为9%，原材料已验收入库，已开具收购发票，款项已支付。计算该笔农产品的进项税额。

学堂点拨

> 进项税额＝314 941.37×9％＝28 344.72（元）

④自境外单位或者个人购进劳务、服务、无形资产或者境内的不动产，从税务机关或者扣缴义务人取得的代扣代缴税款的完税凭证上注明的增值税额。

⑤自2019年4月1日起，纳税人取得不动产或者不动产在建工程的进项税额不再分2年抵扣。在此之前纳税人购进不动产进项税额分2年抵扣而尚未抵扣完毕的待抵扣进项税额，可自2019年4月税款所属期起从销项税额中抵扣。

（2）进项税额的加计扣减政策

2019年3月20日，财政部、税务总局和海关总署联合发布《关于深化增值税改革有关政策的公告》。该文件规定，自2019年4月1日至2021年12月31日，允许生产、生活性服务业的一般纳税人按照当期可抵扣进项税额加计10％，抵减应纳税额（以下称增值税加计抵减政策）。增值税加计抵减政策中所称的生产、生活性服务业纳税人，是指提供邮政服务、电信服务、现代服务、生活服务取得的销售额占全部销售额的比重超过50％的纳税人。

①加计抵减的行业范围

表6-4　加计抵减的行业范围

一级分类	二级分类
邮政服务	邮政普遍服务、邮政特殊服务、其他邮政服务
电信服务	基础电信服务、增值电信服务
研发和技术服务	研发服务、合同能源管理服务、工程勘察勘探服务、专业技术服务
信息技术服务	软件服务、电路设计及测试服务、信息系统服务、业务流程管理服务、信息系统增值服务
文化创意服务	设计服务、知识产权服务、广告服务、会议展览服务
物流辅助服务	航空服务、港口码头服务、货运客运场站服务、打捞救助服务、装卸搬运服务、仓储服务、收派服务
租赁服务	融资租赁服务、经营租赁服务
鉴证咨询服务	认证服务、鉴证服务、咨询服务
广播影视服务	广播影视节目（作品）制作服务、广播影视节目（作品）发行服务、广播影视节目（作品）播映服务

（续上表）

一级分类	二级分类
商务辅助服务	企业管理服务、经纪代理服务、人力资源服务、安全保护服务
文化体育服务	文化服务、体育服务
教育医疗服务	教育服务、医疗服务
旅游娱乐服务	旅游服务、娱乐服务
餐饮住宿服务	餐饮服务、住宿服务
居民日常服务	市容市政管理、家政、婚庆、养老、殡葬、照料和护理、救助救济、美容美发、按摩、桑拿、氧吧、足疗、沐浴、洗染、摄影扩印等服务

②加计抵减的计算方法

纳税人应按照当期可抵扣进项税额的10%计提当期加计抵减额。按照现行规定不得从销项税额中抵扣的进项税额，不得计提加计抵减额；已计提加计抵减额的进项税额，按规定作进项税额转出的，应在进项税额转出当期相应调减加计抵减额。计算公式如下：

当期计提加计抵减额＝当期可抵扣进项税额×10%

当期可抵减加计抵减额＝上期末加计抵减额余额＋当期计提加计抵减额－当期调减加计抵减额

抵减前的应纳税额等于零的，当期可抵减加计抵减额全部结转下期抵减；抵减前的应纳税额大于零，且大于当期可抵减加计抵减额的，当期可抵减加计抵减额全额从抵减前的应纳税额中抵减；抵减前的应纳税额大于零，且小于或等于当期可抵减加计抵减额的，以当期可抵减加计抵减额抵减应纳税额至零，未抵减完的当期可抵减加计抵减额结转下期继续抵减。

2019年9月30日，财政部、税务总局发布《关于明确生活性服务业增值税加计抵减政策的公告》。文件就生活性服务业增值税加计抵减有关政策规定如下：

"一、2019年10月1日至2021年12月31日，允许生活性服务业纳税人按照当期可抵扣进项税额加计15%，抵减应纳税额（以下称加计抵减15%政策）。

二、本公告所称生活性服务业纳税人，是指提供生活服务取得的销售额占全部销售额的比重超过50%的纳税人。生活服务的具体范围按照《销售服务、无形资产、不动产注释》（财税〔2016〕36号印发）执行。

2019年9月30日前设立的纳税人，自2018年10月至2019年9月期间的销售额（经营期不满12个月的，按照实际经营期的销售额）符合上述规定条件的，自2019年10月1日起适用加计抵减15%政策。

2019年10月1日后设立的纳税人，自设立之日起3个月的销售额符合上述规定条件的，自登记为一般纳税人之日起适用加计抵减15%政策。

纳税人确定适用加计抵减15%政策后，当年内不再调整，以后年度是否适用，根据上年度销售额计算确定。

三、生活性服务业纳税人应按照当期可抵扣进项税额的15%计提当期加计抵减额。按照现行规定不得从销项税额中抵扣的进项税额，不得计提加计抵减额；已按照15%计提加计抵减额的进项税额，按规定作进项税额转出的，应在进项税额转出当期，相应调减加计抵减额。计算公式如下：

当期计提加计抵减额＝当期可抵扣进项税额×15%

当期可抵减加计抵减额＝上期末加计抵减额余额＋当期计提加计抵减额－当期调减加计抵减额"

（三）小规模纳税人增值税的税收核算

小规模纳税人销售货物、劳务、服务、无形资产或不动产，按照销售额和小规模纳税人适用的征收率，实行简易计税方法计算应纳税额，不得抵扣进项税额，其计算公式为：

应纳税额＝不含税销售额×征收率

不含税销售额＝含税销售额÷（1＋征收率）

例6-3 2019年5月10日，快学商贸有限公司（小规模纳税人）销售商品一批，不含税金额60 000元，增值税征收率为3%，已开具增值税普通发票。计算该笔业务的应纳税额。

学堂点拨

应纳税额＝60 000×3%＝1 800（元）

二 消费税的核算

消费税的纳税人指在我国境内从事生产、委托加工、零售和进口应税消费品的单位和个人。

　　消费税的征税对象主要包括特殊消费品、奢侈品、高能耗消费品、不可再生的稀缺资源消费品和普通消费品。现行消费税的征收范围主要包括烟、酒、鞭炮、焰火、高档化妆品、成品油、贵重首饰及珠宝玉石、高尔夫球及球具、高档手表、游艇、木制一次性筷子、实木地板、摩托车、小汽车、电池、涂料等税目，有的税目还进一步划分若干子目。

表6-5　消费税税目与税率表

税目	税率
甲类卷烟	56%加0.003元/支（生产环节）
乙类卷烟	36%加0.003元/支（生产环节）
卷烟批发环节	11%加0.005元/支
雪茄烟	36%
烟丝	30%
白酒	20%加0.5元/500克或500毫升
黄酒	240元/吨
甲类啤酒	250元/吨
乙类啤酒	220元/吨
其他酒	10%
高档化妆品	15%
金银首饰、铂金首饰和钻石及钻石饰品	5%
其他贵重首饰和珠宝玉石	10%
鞭炮、焰火	15%
汽油	1.52元/升
柴油	1.20元/升
航空煤油	1.20元/升
石脑油	1.52元/升

（续上表）

税目	税率
溶剂油	1.52元/升
润滑油	1.52元/升
燃料油	1.20元/升
气缸容量（排气量）在250毫升（含250毫升）以下的摩托车	3%
气缸容量（排气量）在250毫升以上的摩托车	10%
气缸容量（排气量）在1.0升（含1.0升）以下的乘用车	1%
气缸容量（排气量）在1.0升以上至1.5升（含1.5升）的乘用车	3%
气缸容量（排气量）在1.5升以上至2.0升（含2.0升）的乘用车	5%
气缸容量（排气量）在2.0升以上至2.5升（含2.5升）的乘用车	9%
气缸容量（排气量）在2.5升以上至3.0升（含3.0升）的乘用车	12%
气缸容量（排气量）在3.0升以上至4.0升（含4.0升）的乘用车	25%
气缸容量（排气量）在4.0升以上的乘用车	40%
中轻型商用客车	5%
超豪华小汽车	10%（零售环节）
高尔夫球及球具	10%
高档手表	20%
游艇	10%
木制一次性筷子	5%
实木地板	5%
电池	4%
涂料	4%

按照规定，对于实行从价定率方法计算应纳税额时，其计算公式为：

应纳税额＝应税消费品的销售额×消费税税率

对于实行从量定额方法计算应纳税额时，其计算公式为：

应纳税额＝应税消费品的数量×消费税单位税额

对于实行复合计税方法计算应纳税额时，其计算公式为：

应纳税额＝销售数量×定额税率＋销售额×比例税率

如果纳税人应税消费品的销售额中未扣除增值税款或者因不得开具增值税专用发票而发生价款和增值税税款合并收取的，在计算消费税时，应当换算为不含增值税税款的销售额。其换算公式为：

应税消费品的销售额＝含增值税的销售额/（1＋增值税税率或征收率）

例6-4 2019年5月，快学高档化妆品公司（一般纳税人）生产一批高档化妆品，适用的消费税税率为15％，当月对外销售取得含税收入100 000元，增值税税率为13％。计算该笔业务的应纳消费税。

学堂点拨

应纳消费税＝100 000/（1＋13％）×15％＝13 274.34（元）

三 企业所得税的核算

企业所得税是指对中华人民共和国境内的企业（居民企业及非居民企业）和其他取得收入的组织以其生产经营所得为课税对象所征收的一种所得税。个人独资企业及合伙企业除外。

居民企业，是指依法在中国境内成立，或者依照外国（地区）法律成立但实际管理机构在中国境内的企业。非居民企业，是指依照外国（地区）法律成立且实际管理机构不在中国境内，但在中国境内设立机构、场所的，或者在中国境内未设立机构、场所，但有来源于中国境内所得的企业。

企业所得税的纳税对象是纳税人的生产经营所得和其他所得，包括来源于境内、境外的所得。生产、经营所得指从事物质生产、交通运输、商品流通、劳务服务以及经国务院财政部门确认的其他盈利事业取得的所得；其他所得指股息、利息、租金、转让各类资产收益、特许权使用费以及营业外收益等。

企业所得税的计税依据是纳税人的应纳税所得额。纳税人的应纳税所得额为纳税人每一纳税年度的总收入减去不征税收入、免税收入、各项扣除以及允许弥补的以前年度亏损的余额。其公式如下：

应纳税所得额＝收入总额－不征税收入－免税收入－准予扣除项目金额－

允许弥补的以前年度亏损

纳税人的收入包括销售货物收入、提供劳务收入、转让财产收入、股息、红利等权益性投资收益、利息收入、租金收入、特许权使用费收入、接受捐赠收入和其他收入等。准予扣除项目包括与纳税人取得收入有关的成本、费用、税费和损失。其中，成本即生产经营成本，指纳税人为生产经营商品和提供劳务等所发生的各项直接费用和各项间接费用；费用即纳税人为生产经营商品和提供劳务等所发生的销售（经营）费用、管理费用和财务费用；税费即纳税人按规定缴纳的消费税、城市维护建设税、资源税、土地增值税等，教育费附加等附加税可视同税费；损失指纳税人在生产经营过程中的各项营业外支出、已经发生的经营亏损、投资损失和其他损失。

应纳税额＝应纳税所得额×税率

现行税制中的企业所得税基本税率为25%；符合条件的小型微利企业适用税率为20%；国家需要重点扶持的高新技术企业、对经认定的技术先进型服务企业适用税率为15%。

例6-5 快学商贸有限公司（一般纳税人），2019年总收入200万元，经营总成本80万元，销售费用20万元，管理费用10万元，财务费用2万元，税金10万元，允许弥补的以前年度亏损50万元，适用的所得税税率为25%。计算该公司2019年应缴纳的企业所得税。

学堂点拨

2019年应纳税所得额＝200－80－20－10－2－10－50＝28（万元）

应缴纳的企业所得税＝28×25%＝7（万元）

四 个人所得税的税收核算

个人所得税法是调整征税机关与自然人（居民个人、非居民个人）之间在个人所得税的征纳与管理过程中所发生的社会关系的法律规范的总称。

个人所得税的纳税义务人既包括居民纳税义务人，也包括非居民纳税义务人。居民纳税义务人负有完全纳税的义务，必须就其来源于中国境内、境外的全部所得缴纳个人所得税；而非居民纳税义务人仅就其来源于中国境内的所得缴纳个人所得税。

（一）税率

2018年10月1日起个人所得税的起征点由原来的3 500元提升到5 000元，具体扣税方式如表6-6所示：

表6-6　个人所得税具体扣税方式

级数	全月应纳税所得额（含税所得额）	税率（%）	速算扣除数
一	不超过3 000元	3%	0
二	超过3 000元至12 000元部分	10%	210
三	超过12 000元至25 000元部分	20%	1 410
四	超过25 000元至35 000元部分	25%	2 660
五	超过35 000元至55 000元部分	30%	4 410
六	超过55 000元至80 000元部分	35%	7 160
七	超过80 000元部分	45%	15 160

（二）专项附加扣除

个税专项附加扣除是国家为落实新修订的个人所得税法的配套措施之一，其目的就是减轻广大群众的负担。个税专项附加扣除包含六个方面，即大病医疗、住房贷款利息、住房租金、子女教育、继续教育和赡养老人。

专项附加扣除方法：

1. 大病医疗：在一个纳税年度内，纳税人发生的自负医药费用超过1.5万元的部分，可在每年8万元限额内据实扣除。

2. 住房贷款利息：纳税人本人或配偶购买首套住房并且有贷款利息支出的，按每月1 000元标准扣除，扣除期限最长不超过240个月。

3. 住房租金：纳税人本人及配偶如果没房，在工作城市租房发生租金支出的，按每月800～1 500元定额扣除。

4. 子女教育：纳税人的子女有学前教育和全日制学历教育支出的，按照每个子女每年12 000元，即每月1 000元的标准扣除。

5. 继续教育：在一个纳税年度内，纳税人有接受再教育支出的，以每年3 600元或者4 800元扣除。

6. 赡养老人：纳税人赡养60岁（含）以上父母或子女均已去世的60岁（含）以上的祖父母、外祖父母的，按照每月2 000元标准定额扣除。

（三）计算方法

个人所得税的计算公式如下：

个人所得税＝应纳税所得额×税率－速算扣除数

累计预扣预缴应纳税所得额＝累计收入－累计免税收入－累计减除费用（年减除费用60 000元）－累计专项扣除（五险一金等）－累计专项附加扣除－累计依法确定的其他扣除

例6-6 快学商贸有限公司出纳小李2019年1月应发工资合计为8 500元，其个人负担部分的社保为528元，住房公积金为200元，房屋租金为800元，子女教育费为1 000元。假设上述费用均满足扣除要求，不考虑其他因素，则小李2019年1月应缴纳的个人所得税为多少？

学堂点拨

应纳税所得额＝8 500－5 000－528－200－800－1 000＝972（元）

应缴纳的个人所得税＝972×3%＝29.16（元）

第三节 | 纳税申报

纳税申报是纳税人就纳税事项向税务机关提交书面申报的一种法定手续。税法规定，纳税人不论税务机关采取何种征收方式征收税款，均必须按期向税务机关报送统一格式的纳税申报表、财务会计报表和其他纳税资料，如实填报纳税事项，准确计算应纳税款，税务机关据以开具完税凭证，纳税人据以缴纳税款。纳税申报发生错误，纳税人将依法承担法律责任。

申报纳税是纳税人定期向税务机关书面报告其生产经营收益情况及计算缴纳税款有关事项的一项重要制度，它既是一种法定手续，也建立了税务机关与纳税人之间的重要纽带。通过纳税人的纳税申报，税务机关可清楚掌握纳税人的生产经营及纳税情况，辅导纳税人正确执行税法。纳税人也可在纳税申报中及时了解国家有关税收政策。负有代扣代缴、代收代缴税款义务的单位和个人，也必须按照有关规定履行代扣代缴、代收代缴义务。

一 纳税申报的方式

（一）直接申报

直接申报是指纳税人、扣缴义务人自行到各地办税厅申报窗口办理纳税申报事项，报送纳税申报资料。

（二）网上申报

网上申报是指纳税人、扣缴义务人经电子税务局填写申报表和各种财务报表，以电子信息方式提交纳税申报表等纳税申报资料。税务部门根据纳税人、扣缴义务人提交的纳税申报表等纳税申报资料进行审核后，办理有关的纳税申报手续。

（三）委托代理申报

委托代理申报是指纳税人、扣缴义务人选择具有税务代理资格的代理机构为其办理纳税申报事项。

二 税款征收的方式

（一）查账征收

查账征收是由纳税人依据账簿记载，先自行计算缴纳，事后经税务机关查账核实，如有不符合税法规定时，可以多退少补。这种税款的征收方式主要适用于已经建立会计账册、会计记录完整的单位。

学堂点睛

会计学堂报税实操网址：https://baoshui.kuaizhang.com/

（二）查定征收

查定征收是由税务机关根据纳税人的生产设备等情况在正常条件下的生产、销售情况，对其生产的应税产品查定产量和销售额，然后依照税法规定的税率征税的一种方式。这种税款的征收方式主要适用于生产不固定、账册不健全的单位。

（三）查验征收

查验征收是由税务机关对纳税人的应税产品进行查验，贴上完税证、查验证或盖查验章，并据以征税的一种方式。这种税款的征收方式主要适用于财务会计制度不健全、生产经营不固定的纳税人。

（四）定期定额征收

定期定额征收是指税务机关依照法律、法规的规定，依照一定的程序，核定纳税人在一定经营时期内的应纳税经营额及收益额，并以此为计税依据，确定其应纳税额的一种税款征收方式。这种税款的征收方式适用于生产经营规模小，难以查清真实收入又确定无建账能力，经主管税务机关审核批准，可以不设置账簿或暂缓建账的小型纳税人。

（五）代扣代缴

代扣代缴是指按照税法规定，负有扣缴义务的法定义务人，负责对纳税人应纳税款进行扣缴的征收方式，即由支付人在向纳税人支付款项时，从所支付的款项中依照税法的规定直接扣收税款。其目的是对零星、分散、不易控制的税源实行税收管控。

（六）代收代缴

代收代缴是指按照税法规定，负有收缴税款义务的法定义务人，负责对纳税人的税款进行收缴的征收方式，即由与纳税人有经济业务往来的单位和个人，在向纳税人收取款项时依法收取税款。这种方式一般适用于税收网络覆盖不到或很难控制的领域，如受托加工应征消费税的消费品，由受托方代收代缴消费税。

（七）其他方式

其他方式是指如邮寄申报纳税、自计自填、自报核缴等方式。自计自填自缴，是经税务机关批准，纳税人根据税法规定，自行计算应纳税款、自行填写缴款书、自行按期到银行缴纳税款的一种方式。自报核缴是纳税人向税务机关报送纳税申报表，经税务机关审核，核定应纳税额，填发缴款书，纳税人凭其到银行缴纳税款的一种纳税方式。

第四节 发票的填制与管理

发票是指单位在购销商品、提供或者接受劳务服务以及从事其他经营活动中，开具、收取的收、付款凭证。发票包括增值税普通发票、增值税专用发票等。

一 增值税普通发票

增值税普通发票主要由增值税小规模纳税人使用，增值税一般纳税人在不能开具增值税专用发票的情况下也可以使用。

增值税普通发票共两联，第一联为发票联，由收执方作为付款的原始凭证，第二联为记账联，由开票方作为记账的原始凭证。如图6-1所示。

图6-1 增值税普通发票

二 增值税专用发票

增值税专用发票是发票中的一种。增值税专用发票是供增值税一般纳税人生产经营增值税应税项目使用的一种特殊发票，它不仅是一般的商事凭证，而且还是计算抵扣税款的法定凭证。税法规定，有几种情况不能开具增值税专用发票：

（一）不得向个人开具专用发票。

（二）除出租不动产以外个人不得代开专用发票。

（三）免征增值税项目不得开专用发票。

（四）增值税一般纳税人销售免税货物，一律不得开具专用发票（国有粮食购销企业销售免税粮食除外）。

（五）纳税人提供跨境服务免征增值税的，应单独核算跨境服务的销售额，准确计算不得抵扣的进项税额，其免税收入不得开具增值税专用发票。

（六）纳税人所销售的免税图书资料，不得开具增值税专用发票。

（七）依据其他税收规定不能开具专用发票的情形。

三 发票的填制

（一）开票系统设置

1. 初始化设置：初次登录开票系统，需要对开票的初始化信息进行设置，设置内容包括主管姓名、用户密码。

2. 基本参数设置：根据营业执照信息内容设置营业地址、电话号码、开户行及账号。

3. 客户编码设置：在开票系统"客户编码"界面中，添加设置客户名称、编码、税号、地址电话、开户行及账号。

4. 商品信息设置：在开票系统"商品信息"界面，添加设置商品名称、编码、选择税率、税收分类编码。

（二）正数发票

正常销售的时候，企业开具的都是正数发票。如图6–2所示。

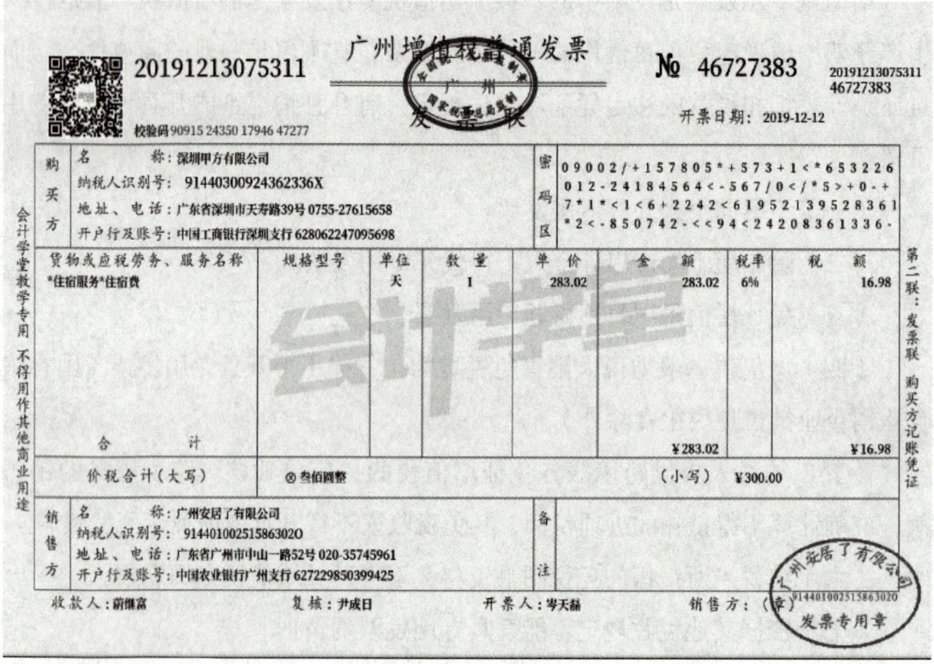

广州增值税普通发票

20191213075311　　№ 46727383　　20191213075311 46727383

发票联

校验码 90915 24350 17946 47277　　开票日期：2019-12-12

购买方	名称：深圳甲方有限公司 纳税人识别号：91440300924362336X 地址、电话：广东省深圳市天寿路39号 0755-27615658 开户行及账号：中国工商银行深圳支行 628062247095698				密码区	09002/+157805*+573+1<*653226 012-24184564<-567/0</*5>+0-+ 7*1*<1<6+2242<61952139528361 *2<-850742-<<94<24208361336-	
货物或应税劳务、服务名称	规格型号	单位	数量	单价	金额	税率	税额
*住宿服务*住宿费		天	1	283.02	283.02	6%	16.98
合计					¥283.02		¥16.98
价税合计（大写）	⊗叁佰圆整				（小写） ¥300.00		
销售方	名称：广州安居了有限公司 纳税人识别号：91440100251586302O 地址、电话：广东省广州市中山一路52号 020-35745961 开户行及账号：中国农业银行广州支行 627229850399425				备注		

收款人：薛继富　　复核：尹成日　　开票人：零天福　　销售方：（章）

会计学堂教学专用 不得用作其他商业用途

第二联：发票联 购买方记账凭证

图6–2　正数发票

开票的内容主要包含：

1．客户信息：包括名称、纳税人识别号、地址、电话、开户行及账号，以上所有信息都需与工商营业执照登记信息一致。

2．商品信息：包括商品名称、规格型号、计量单位、数量、单价、金额、税目等。商品信息必须事先在“商品编码”里设置，开票时选取。

学堂点睛

会计学堂在线商品编码查询网址：https://lx.kuaizhang.com/tax_guid/

会计学堂防伪税控发票实操网址：https://lx.kuaizhang.com/summary/

3．打印发票：打印发票前必须核对系统中的发票号码与实际打印的发票号码是否一致，确认无误后点击打印即可。发票打印后需在发票上加盖发票专用章才可生效。

打印发票出现以下情况需“作废”重开：

（1）发票内容跑偏，打印的信息内容不在发票信息内容格式内；

（2）实际发票号码与打印的发票号码不一致。

（三）负数发票

负数发票也就是我们常说的红字发票。一般发生退货、折让等情况需要开负数发票的，购货方需把原发票退回，同时购货方还要向税务机关填报“开具红字增值税发票申请”，税务机关审核后给购货方开具红字增值税发票通知单，然后购货方把通知单提供给开票方，开票方再把原来的正数发票冲销、另开。如图6–3所示。

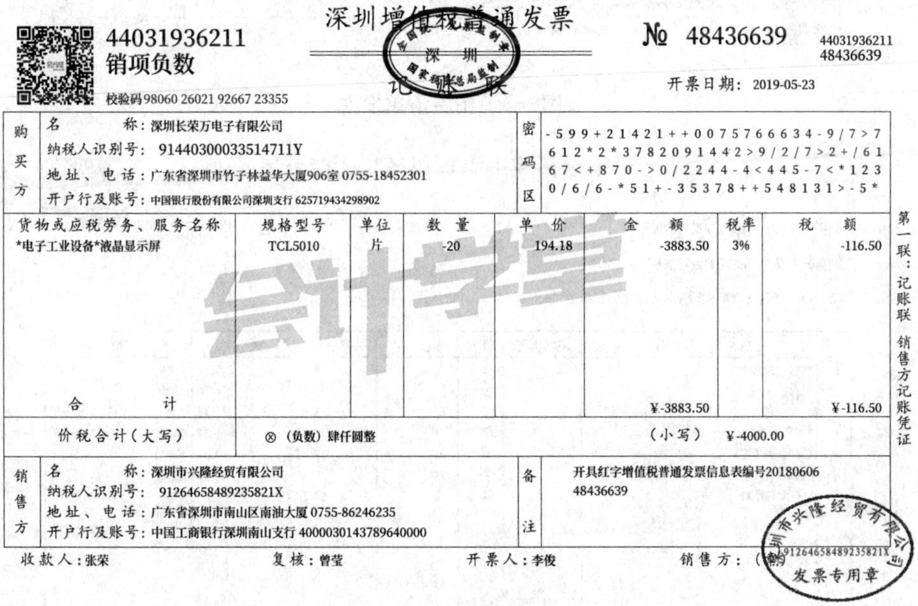
深圳增值税普通发票

44031936211
销项负数
校验码98060 26021 92667 23355

№ 48436639
44031936211
48436639

记账联

开票日期：2019-05-23

购买方	名称：深圳长荣万电子有限公司 纳税人识别号：91440300033514711Y 地址、电话：广东省深圳市竹子林益华大厦906室 0755-18452301 开户行及账号：中国银行股份有限公司深圳支行 625719434298902			密码区	-599+21421++0075766634-9/7>7 612*2*378209144 2>9/2/7>2+/61 67<+870->0/2244-4<445-7<*123 0/6/6-*51+-35378++548131>-5*		
货物或应税劳务、服务名称	规格型号	单位	数量	单价	金额	税率	税额
*电子工业设备*液晶显示屏	TCL5010	片	-20	194.18	-3883.50	3%	-116.50
合计					¥-3883.50		¥-116.50
价税合计（大写）	⊗（负数）肆仟圆整				（小写） ¥-4000.00		
销售方	名称：深圳市兴隆经贸有限公司 纳税人识别号：91264658489235821X 地址、电话：广东省深圳市南山区南油大厦 0755-86246235 开户行及账号：中国工商银行深圳南山支行 4000030143789640000			备注	开具红字增值税普通发票信息表编号20180606 48436639		

收款人：张荣　复核：曾莹　开票人：李俊　销售方：（章）

会计学堂教学专用 不得用作其他商业用途

第一联：记账联 销售方记账凭证

图6–3　负数发票

（四）销货清单发票

销货清单发票（图6–4）是指如单品种类过多也可以开具带销货清单的发票，要求每张发票只能带一张销货清单（图6–5），且带有销货清单的发票不允许再填写“商品名称”栏。在发票填开时，只能打印发票，销货清单可以在“发票查询”过程中的“选择发票号码”栏打印。

2020021531395866

深圳增值税普通发票

№ 95337552

2020021531395866
95337552

校验码50120 10550 19134 70041

开票日期：2020-02-19

购买方	名　　称：深圳快学英才幼儿园
	纳税人识别号：91440300312367613P
	地址、电话：深圳市宝安区西乡街道前进二路101号聚才花园 0755-27823786
	开户行及账号：建设银行宝安西乡支行 6204073912754 17

密码区

9/8913<619>69+4841225>-*2/3>
19*67-+267*8309*+1>86-*604<4
<8-69>2/44<<3/82/1/+-9452*+
>>6>2650<49-*/231090921**974

第二联：发票联　购买方记账凭证

货物或应税劳务、服务名称	规格型号	单位	数量	单价	金额	税率	税额
详见销货清单					309.73	13%	40.27
合　　　　计					¥309.73		¥40.27
价税合计（大写）　　⊗ 叁佰伍拾圆整					（小写）　¥350.00		

销售方	名　　称：深圳华润佳超市连锁有限公司	备注
	纳税人识别号：91440300551251649I	
	地址、电话：广东省深圳市福强路100号 0755-66507128	
	开户行及账号：中国招商银行股份有限公司深圳支行 625336265267222	

收款人：何俊豪　　　复核：葛子昂　　　开票人：凤玉梁　　　销售方：

图6-4　销货清单发票

销售货物或者提供应税劳务清单

购买方名称：　深圳快学英才幼儿园

销售方名称：　深圳市福润超市连锁有限公司

所得增值税普通发票代码：　2020021531395866　　号码：95337552　　　　共 1 页 第 1 页

序号	货物(劳务)名称	规格型号	单位	数量	单价	金额	税率	税额
1	*文具*扭扭棒		袋	2	8.85	17.71	13%	2.31
2	*文具*卡纸		包	2	22.12	44.24	13%	5.75
3	*文具*彩笔		支	60	1.62	97.33	13%	12.65
4	*文具*剪刀		把	20	2.21	44.24	13%	5.75
5	*文具*美工刀		把	20	2.21	44.25	13%	5.75
6	*文具*打孔器		个	20	2.21	44.25	13%	5.75
7	*文具*透明胶		打	1	17.70	17.71	13%	2.31
	小计					309.73		40.27
	总计					309.73		40.27
	备注							

销售方(章)：

填开日期：2020年 02 月 19 日

图6-5　销货清单

（五）折扣发票

折扣发票（图6–6）是指采取折扣方式销售货物，销售额和折扣额在同一张发票上分别注明的，可按折扣后的销售额征收增值税的发票。销售额和折扣额在同一张发票上分别注明是指销售额和折扣额在同一张发票上的“金额”栏是分别注明的，可按折扣后的销售额征收增值税。未在同一张发票“金额”栏注明折扣额，而仅在发票的“备注”栏注明折扣额的，折扣额不得从销售额中减除。

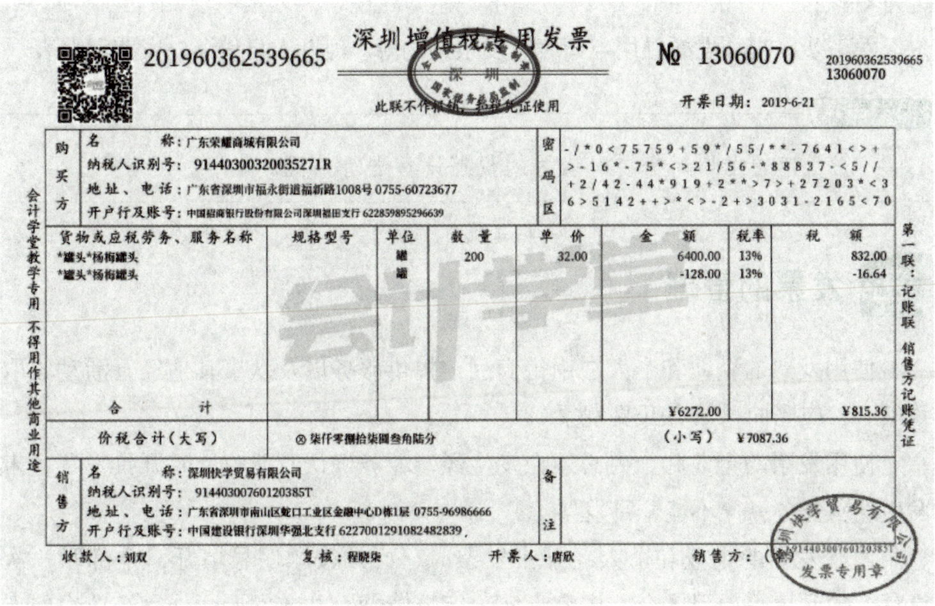

深圳增值税专用发票

201960362539665　№ 13060070　201960362539665 13060070

此联不作报销、扣税凭证使用

开票日期：2019-6-21

购买方　名　　称：广东荣耀商城有限公司
纳税人识别号：91440300320035271R
地址、电话：广东省深圳市福永街道福新路1008号 0755-60723677
开户行及账号：中国招商银行股份有限公司深圳福田支行 622859895296639

密码区
-/*0<75759+59*/55/**-7641<>+
>-16*-75*<>21/56-*88837-<5//
+2/42-44*919+2**>7>+27203*<3
6>5142++>*<>-2+>3031-2165<70

货物或应税劳务、服务名称	规格型号	单位	数量	单价	金额	税率	税额
*罐头*杨梅罐头		罐	200	32.00	6400.00	13%	832.00
*罐头*杨梅罐头		罐			-128.00	13%	-16.64
合　　计					¥6272.00		¥815.36
价税合计（大写）	⊗柒仟零捌拾柒圆叁角陆分				（小写）¥7087.36		

销售方　名　　称：深圳快学贸易有限公司
纳税人识别号：91440300760120385T
地址、电话：广东省深圳市南山区蛇口工业区金融中心D栋1层 0755-96986666
开户行及账号：中国建设银行深圳华强北支行 6227001291082482839

备注

收款人：刘双　复核：程晓柒　开票人：唐欣　销售方：（章）

会计学堂教学专用 不得用作其他商业用途

第一联：记账联 销售方记账凭证

图6–6　折扣发票

四 发票的申购

初次申请领购发票和因经营范围变化需增减领购发票数量或者改变发票种类时，申请领购发票的单位和个人必须先提出购票申请，填写“发票领购簿申请审批表”；同时提供经办人身份证明、税务机关登记证明或其他有关证明，以及发票专用章的印模，到所在地税务机关办理领购发票手续。

申请领购专用发票，首先要向主管税务机关提出申请，并提供一般纳税人相关证明、经办人身份证明、单位发票专用章印模以及税务机关要求提供的其他证明材料，经税务机关审批后，由专用发票管理部门核发“发票领购簿”，纳税人才可以凭"发票领购簿"、经办人身份证明，按照"发票领购簿"上核定的票面金额、数量和购票方式，到主管税务机关领购专用发票。

发票用完了，申购发票需要验旧购新，也就是税务机关通过税控管理后台，对报送的开票数据进行"发票验旧"，没有问题后才发放新的发票。

发票申购流程：

第一步，对已经开具的正常发票进行"交旧验旧"；

第二步，将已经开具的红字发票或"作废"的发票的全部联交由税务机关进行审核；

第三步，提交发票领用申请表、发票领购簿、经办人身份证、发票汇总表。

学堂点睛

当月申领发票时需要对当月的税控设备进行抄报，写卡。

五 发票的管理

使用发票的企业和个人在销售商品、提供服务以及从事其他经营活动收取款项时，应当向付款方开具发票。

使用发票的企业和个人必须在发生经营业务确认营业收入时开具发票，未发生经营业务一律不能开具发票。

使用发票的企业和个人在开具发票时，必须按顺序号填开，全部联一次复写，做到填写项目齐全，内容真实，字迹清楚，并在发票联加盖企业发票专用章。

使用发票的企业和个人开具发票后，如发生错误，需重新开具发票的，付款方须将原发票退还收款方，并由收款方将所退发票联及其他各联全部注明"作废"字样。

使用计算机开具的发票，对开具后的发票存根联必须按顺序号装订成册。

未经税务机关批准，使用发票的企业和个人不得拆本使用发票，不得自行扩大发票的使用范围。

使用发票的企业和个人未经税务机关批准，不得跨规定使用发票的区域携带、邮寄、运输或者存放空白发票；不得携带、邮寄或者运输空白发票出入境。

出纳实操演练

第
一
节

微信扫一扫
免费看课程

收据的填写

　　收据属于企业内部自制单据，可以由企业自行设计或在会计用品店购买。收款收据的格式比较多样化，联次也有所差异，但主要内容大致相同。第一联为存根联，由开具人自己留存。第二联为收据联，盖上公司公章或者财务章后，交给付款方作为收款凭证。第三联为记账联，出纳开具后盖上"现金收讫"章后交由会计做账。收据的样式如图7-1所示。

图7-1　收据的样式

例7-1 2019年12月2日，财务部收到股东张美海交来现金30 000元，此款作为筹建期间的开业备用金，收到现金后出纳开具收据给张美海。

学堂点拨

图7-2 收据填写

第二节 | 现金支票和转账支票的填写

微信扫一扫
免费看课程

支票主要可分为现金支票和转账支票两类，现金支票可用于提取现金，但不能用于转账。单位因内部现金需要和对外交易需要，均可使用现金支票。现金支票的样式如图7-3所示。

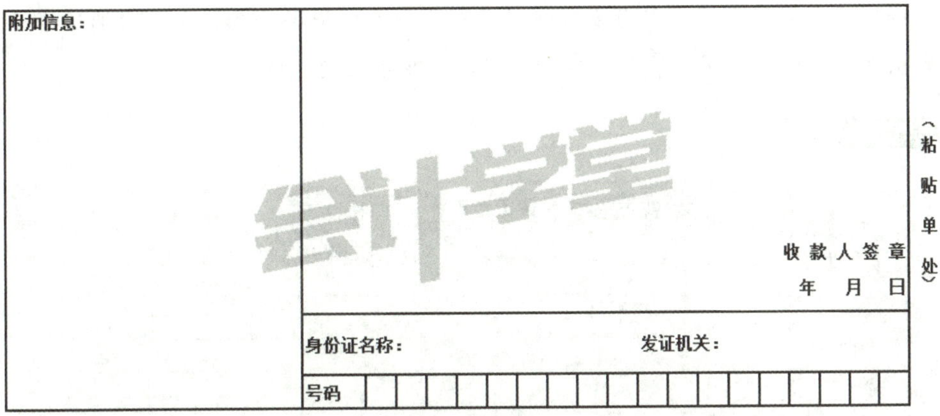
附加信息：

收款人签章

年 月 日

（粘贴单处）

身份证名称：　　发证机关：

号码

图7–3 现金支票

转账支票属于支票的一种，只能用于转账，不能用于提取现金。转账支票多用于本单位与外部单位或个人的货款等款项结算。转账支票的样式如图7–4所示。

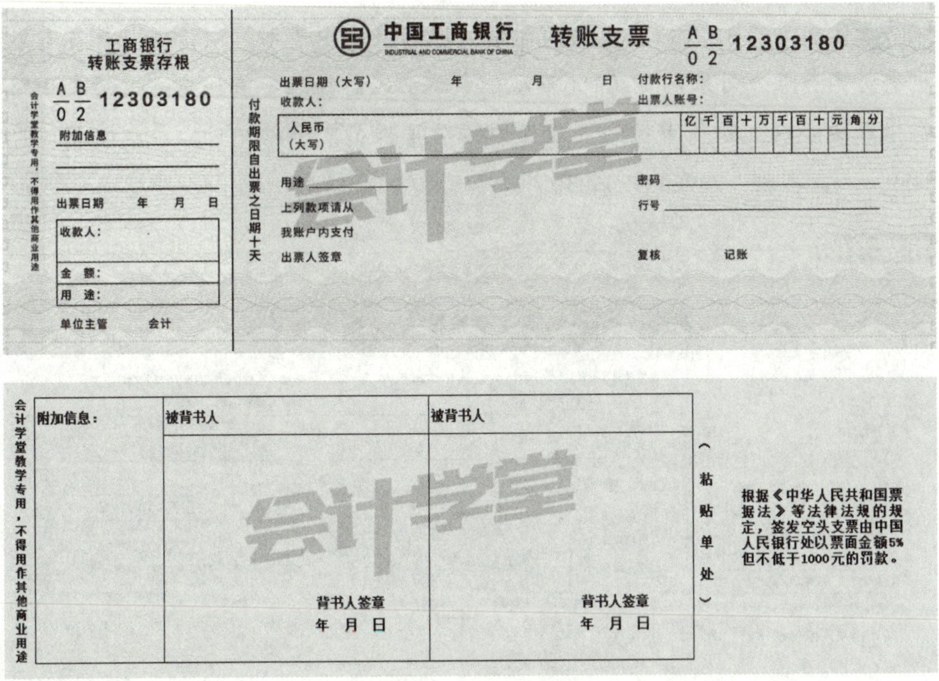
工商银行

转账支票存根

AB 02 12303180

附加信息

出票日期 年 月 日

收款人：

金 额：

用 途：

单位主管 会计

会计学堂教学专用，不得用作其他商业用途

中国工商银行 INDUSTRIAL AND COMMERCIAL BANK OF CHINA 转账支票 AB 02 12303180

出票日期（大写） 年 月 日 付款行名称：

收款人： 出票人账号：

人民币（大写）

亿	千	百	十	万	千	百	十	元	角	分

付款期限自出票之日期十天

用途 密码

上列款项请从 行号

我账户内支付

出票人签章 复核 记账

会计学堂教学专用，不得用作其他商业用途

附加信息：

被背书人

背书人签章

年 月 日

被背书人

背书人签章

年 月 日

（粘贴单处）

根据《中华人民共和国票据法》等法律法规的规定，签发空头支票由中国人民银行处以票面金额5%但不低于1000元的罚款。

图7–4 转账支票

例7–2 2019年12月17日，财务部出纳盘点完现金后发现库存现金不多，根据内部资金制度规定，填制付款申请单向总经理申请从银行提取备用金40 000元。

总经理签署同意后，出纳签发现金支票一张用于提取备用金，当天出纳从银行取出现金。（支票号码：38285677，密码：789546125623）

学堂点拨

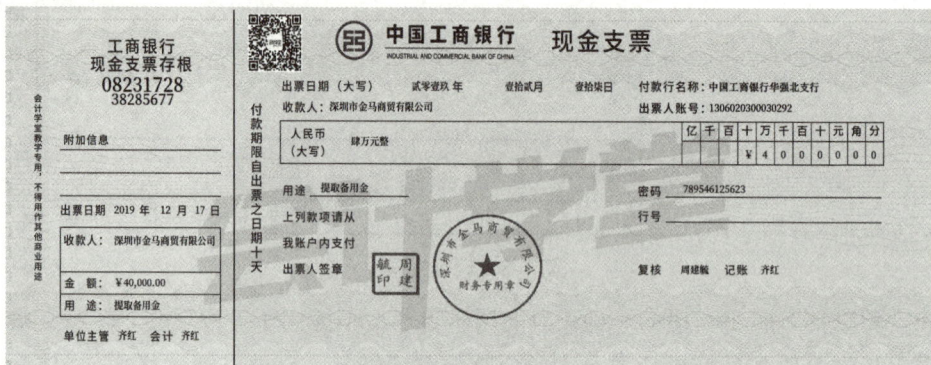

图7-5　现金支票的签发

例7-3 2019年12月11日，采购部张强填制付款申请书，申请支付江苏百胜电子商贸有限公司采购货款100万元；申请书经总经理签署同意支付后交由财务部审核，以上款项审核无误后出纳签发转账支票予以支付。（支票号码：84593786，密码：789546125623）

学堂点拨

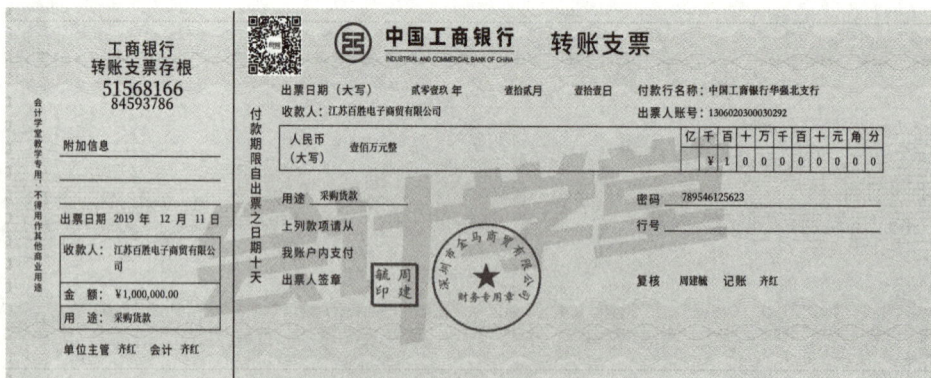

图7-6　转账支票的签发

第三节 银行进账单的填写

银行进账单是持票人或收款人将票据款项存入其开户银行账户的凭证，也是开户银行将票据款项记入持票人或收款人账户的凭证。

银行进账单分为三联式银行进账单和二联式银行进账单（如图7-7所示）。不同的持票人应按照规定使用不同的银行进账单。对于二联式或三联式银行进账单，银行受理后，银行应在第一联上加盖转讫章并退给持票人，持票人凭以记账。把支票存入银行后，支票就留在银行了，企业凭进账单来记账，说明支票上的款项划到企业的银行存款账号。

图7-7 银行进账单

例7-4 2019年12月7日，深圳市金马商贸有限公司销售货品，收到了一张购买方明发商贸有限公司当日签发的金额为35 000元的转账支票（支票号码：10237029，密码：154256315866）。

明发商贸有限公司出纳人员应如何填写该转账支票？深圳市金马商贸有限公司出纳人员收到业务人员交回的转账支票后应如何办理入账手续？

学堂点拨

分析1：如果明发商贸有限公司的银行余额小于35 000元，则开出的这张支票为空头支票，银行可以收取票面金额（即35 000元）5%的罚款，即35 000×5％＝1 750元；同时明发商贸有限公司还应向深圳市金马商贸有限公司支付票面金额2％的赔偿金，即35 000×2％＝700元。

转账支票的填写如图7-8所示：

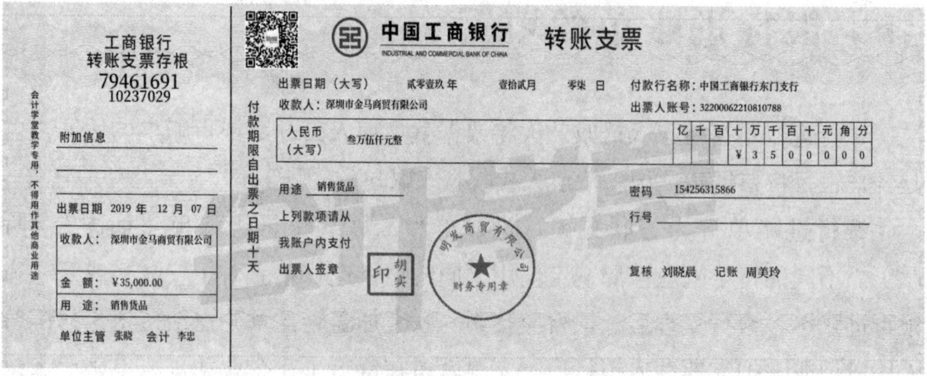

图7-8　转账支票的填写

分析2：深圳市金马商贸有限公司出纳人员收到业务人员交回的转账支票后，应在2019年12月17日之前到公司的开户行将票款入账。在办理转账手续前，深圳市金马商贸有限公司出纳人员应先对转账支票进行背书（委托收款背书），即委托本公司的开户行向付款人的开户行收款。进行背书后，出纳可以将转账支票交与银行并填写"银行进账单"，办理转账手续。

转账支票背书的填写如图7-9所示：

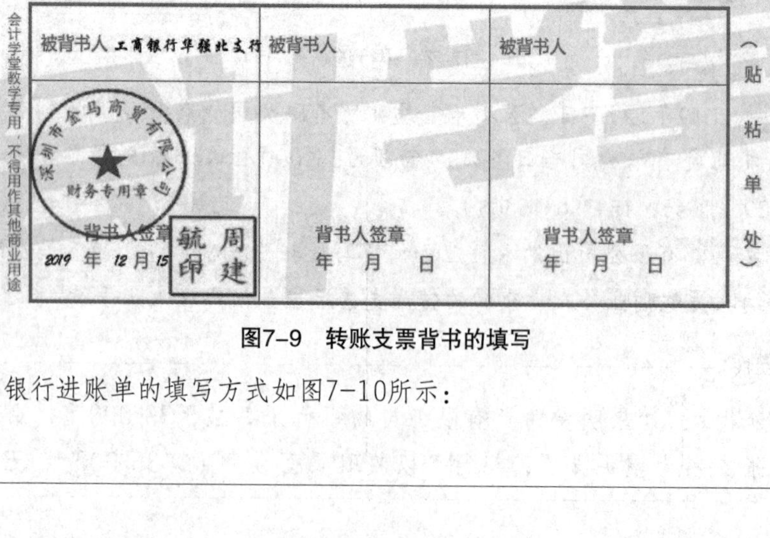

图7-9　转账支票背书的填写

银行进账单的填写方式如图7-10所示：

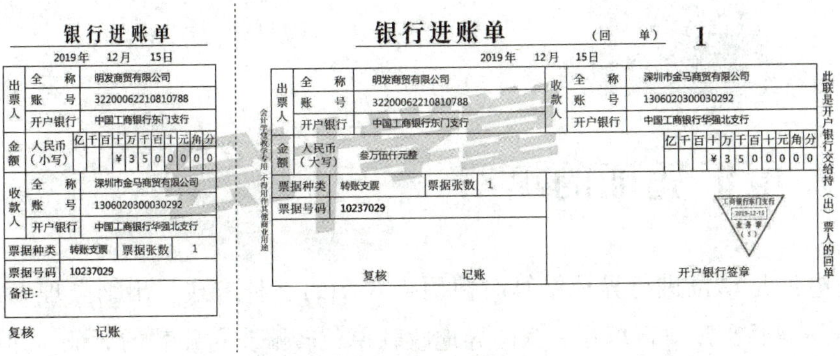

图7-10 银行进账单的填写

第四节 现金交款单的填写

微信扫一扫
免费看课程

现金交款单是出纳将现金存入开户银行账户时需要填写的凭证。单位收取的现金收入、临时借款、押金达到一定数量时，应将多余的现金存入银行。在不同的银行，单位将现金存入银行时填写的现金交款单不同，由出纳填写；不同银行的表格名称不一样，如工商银行的为"现金存款凭条"，但这些单据的作用是相同的，都是单位将现金存入银行的证明。

例7-5 2019年12月8日，出纳冷艳将1~7日的现金收款29 320元存入银行。

学堂点拨

现金交款单的填写如图7-11所示：

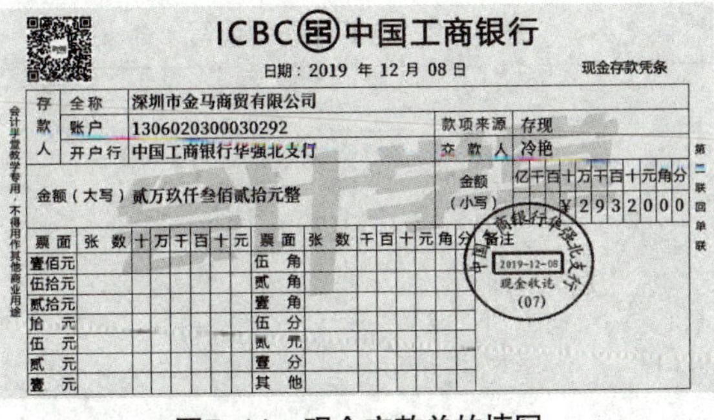

图7-11 现金交款单的填写

第五节 电汇凭证的填写

微信扫一扫
免费看课程

电汇是单位进行异地结算时使用得较多的一种方式。出纳办理电汇业务时，需要在开户行填写一张向异地收款单位转账支付账款的凭证，即电汇凭证。

例7-6 2019年12月9日，深圳市金马商贸有限公司通过电汇支付深圳浩博电子有限公司80 000元货款。

学堂点拨

电汇凭证的填写如图7-12所示：

中国工商银行电汇凭证（回单） 1

☑普通　□加急　　　　委托日期　2019 年 12 月 9 日

汇款人	全称	深圳市金马商贸有限公司	收款人	全称	深圳浩博电子有限公司
	账号	1306020300030292		账号	1306020300038868
	汇出地点	广东省深圳市		汇入地点	广东省深圳市
汇出行名称		中国工商银行华强北支行	汇入行名称		中国工商银行民治支行

金额	人民币（大写）	捌万元整	亿 千 百 十 万 千 百 十 元 角 分 ¥ 8 0 0 0 0 0 0

中国工商银行华强北支行
2019-12-09
业务章
（5）
汇出行签章

支票密码

附加信息及用途：

复核：　　记账：

此联汇出行给汇款人的回单

图7-12　电汇凭证的填写

第六节 记账凭证的填写

记账凭证是财会部门根据原始凭证填制，记载经济业务简要内容，确定会计分录，作为记账依据的会计凭证。记账凭证也称分录凭证或记账凭单，是由会计部门根据审核无误的原始凭证或原始凭证汇总表编制，按照登记账簿的要求，确定账户名称、记账方向（应借、应贷）和金额的一种记录，是登记明细分类账和总分类账的依据。

记账凭证可分类为收款凭证、付款凭证和转账凭证三种。具体内容参见表7-1所示。

表7-1 记账凭证的分类

分类	内容
收款凭证	是指反映货币资金收入业务的记账凭证，它是根据货币资金收入业务的原始凭证填制而成的
付款凭证	是指反映货币资金支出业务的记账凭证，它是根据货币资金支出业务的原始凭证填制而成的
转账凭证	是指反映与货币资金收付无关的转账业务的凭证，它是根据有关转账业务的原始凭证填制而成的

例7-7 2019年12月1日，依据金马商贸有限公司章程规定，公司实行认缴注册资本制度，现股东张美海投入资金130万人民币，作为股东认缴出资。此款通过银行转账支付并当天在基本户入账。

学堂点拨

收款凭证的填写如图7-13所示：

收 款 凭 证

银收字第 01 号

借方科目：银行存款

2019 年 12 月 01 日

摘 要	总账科目	明细科目	金 额											记账符号
			亿	千	百	十	万	千	百	十	元	角	分	
收到张美海投资款	实收资本	张美海		1	3	0	0	0	0	0	0	0	0	
附件 3 张	合 计			￥	1	3	0	0	0	0	0	0	0	

会计主管：齐红　　　　记账：　　　　出纳：冷艳　　　　审核：

图7-13　收款凭证的填写

例7-8　2019年12月7日，金马商贸有限公司总经办员工杜永红填制费用报销单，报销刻章费用680元，经总经理周建毓签署同意报销后交由财务部审核，以上款项和原始单据审核无误后，出纳现金付讫。

学堂点拨

付款凭证的填写如图7-14所示：

付 款 凭 证

现付字第 01 号

贷方科目：库存现金

2019 年 12 月 07 日

摘 要	总账科目	明细科目	金 额											记账符号
			亿	千	百	十	万	千	百	十	元	角	分	
报销刻章费	管理费用	开办费							6	8	0	0	0	
附件 3 张	合 计								￥	6	8	0	0	0	

会计主管：齐红　　　　记账：　　　　出纳：冷艳　　　　审核：

图7-14　付款凭证的填写

例7-9　2019年12月29日，金马商贸有限公司采购部交来入库单，从深圳启明科技有限公司购入集成电路一批（1万个集成电路S820，单价为1.553 097元；

1万个集成电路S880，单价为3.106 195元），产品已验收入库，增值税发票未开，根据公司财务规定，月末会计要做暂估入库处理。

学堂点拨

转账凭证的填写如图7-15所示：

转 账 凭 证

2019 年 12 月 29 日　　　　　　　　转字第 10 号

摘　要	总账科目	明细科目	借方金额 亿千百十万千百十元角分	贷方金额 亿千百十万千百十元角分	记账符号
暂估入库	库存商品	集成电路S820	1 5 5 3 0 9 7		
暂估入库	库存商品	集成电路S880	3 1 0 6 1 9 5		
暂估入库	应付账款	暂估款		4 6 5 9 2 9 2	
附件 1 张	合　　计		¥4 6 5 9 2 9 2	¥4 6 5 9 2 9 2	

会计主管：齐红　　　　出纳：冷艳　　　　审核：　　　　制单：

图7-15　转账凭证的填写

第七节 | 登记账簿

微信扫一扫
免费看课程

日记账又称序时账，依照单位经济业务发生或完成的时间先后顺序进行登记。实务中，一般单位设置的日记账主要有库存现金日记账和银行存款日记账，并由出纳人员负责登记。

一　库存现金日记账

例7-10　2019年12月1日，深圳市金马商贸有限公司注册成立，出纳冷艳启用库存现金日记账。

学堂点拨

库存现金日记账账簿启用表的填写如图7-16所示：

账簿启用表						贴印花处
单位名称	深圳市金马商贸有限公司	（加盖公章）	负责人	职务	姓名	
账簿名称	库存现金日记账	第 1 册		单位领导	总经理	张美海
账簿编号	第 5 号	启用日期 2019年12月		会计主管	会计主管	周建毅
账簿页数	本账簿共计 25 页			主办会计	会计	齐红
经营本账簿人员一览表						
记账人员		接管日期	移交日期	监交人员		备注
职务	姓名 盖章	年 月 日	年 月 日	职务	姓名	
会计	齐红 齐红					

图7-16　库存现金日记账账簿启用表的填写

2019年12月，深圳市金马商贸有限公司发生的与库存现金相关业务如下：

（1）2日，收到张美海投资款30 000元（记账凭证号：002）。

（2）7日，报销刻章费用680元（记账凭证号：003）。

（3）8日，出纳冷艳收到1~7日的现金收款20 000元，存入银行（记账凭证号：005）。

（4）14日，报销办公用品费480元（记账凭证号：008）。

（5）17日，从银行提取备用金40 000元（记账凭证号：010，现金支票号码：38285677）。

（6）18日，报销装修费30 000元（记账凭证号：011）。

（7）21日，支付办公用品商店合作的保证金1 500元（记账凭证号：012）。

（8）23日，报销税盘和航天信息维护费共480元（记账凭证号：016）。

学堂点拨

库存现金日记账的填写如图7-17所示：

库 存 现 金 日 记 账　　　　　总 1 页　第 1 页

2019年		凭证编号	摘要	对方科目	票号	借方	贷方	借或贷	余额	核对
月	日					亿千百十万千百十元角分	亿千百十万千百十元角分		亿千百十万千百十元角分	
12	1		期初余额					借	3 0 0 0 0 0	✓
12	2	记字002	收到投资款	实收资本		3 0 0 0 0 0 0		借	3 3 0 0 0 0 0	✓
12	7	记字003	报销刻章费用	管理费用			6 8 0 0 0	借	3 2 3 2 0 0 0	✓
12	8	记字005	收1~7日现金收款	主营业务收入		2 0 0 0 0 0 0		借	5 2 3 2 0 0 0	✓
12	8	记字005	现金存入银行	银行存款			2 0 0 0 0 0 0	借	3 2 3 2 0 0 0	✓
12	14	记字008	报销办公用品费	管理费用			4 8 0 0 0	借	3 1 8 4 0 0 0	✓
12	17	记字010	提取备用金	银行存款	现支38285677	4 0 0 0 0 0 0		借	7 1 8 4 0 0 0	✓
12	18	记字011	报销装修费	管理费用			3 0 0 0 0 0 0	借	4 1 8 4 0 0 0	✓
12	21	记字012	支付保证金	其他应付款			1 5 0 0 0 0	借	4 0 3 4 0 0 0	✓
12	23	记字016	报销税盘和维护费	管理费用			4 8 0 0 0	借	3 9 8 6 0 0 0	✓
12	31		本月合计			9 0 0 0 0 0 0	5 3 1 4 0 0 0	借	3 9 8 6 0 0 0	✓

图7-17　库存现金日记账的填写

二 银行存款日记账

例7-11 2019年12月1日，深圳市金马商贸有限公司注册成立，出纳冷艳启用银行存款日记账。

学堂点拨

银行存款日记账账簿启用表的填写如图7-18所示：

账簿启用表

单位名称	深圳市金马商贸有限公司	（加盖公章）			负责人	职务	姓名	贴印花处
账簿名称	银行存款日记账		第 1 册		单位领导	总经理	张美海	
账簿编号	第 5 号		启用日期	2019年12月	会计主管	会计主管	周建毓	
账簿页数		本账簿共计 25 页			主办会计	会计	齐红	

经营本账簿人员一览表

记账人员			接管日期			移交日期			监交人员		备注
职务	姓名	盖章	年	月	日	年	月	日	职务	姓名	
会计	齐红	齐红									

图7-18　银行存款日记账账簿启用表的填写

2019年12月，深圳市金马商贸有限公司发生的与银行存款相关业务如下：

（1）1日，收到张美海投资款130万元（记账凭证号：001）。

（2）7日，收到35 000元的转账支票（记账凭证号：004，转账支票号码：10237029）。

（3）8日，出纳冷艳将1～7日的现金收款20 000元存入银行（记账凭证号：005）。

（4）9日，电汇支付80 000元货款（记账凭证号：006）。

（5）11日，签发转账支票支付货款100万元（记账凭证号：007，转账支票号码：84593786）。

（6）17日，从银行提取备用金40 000元（记账凭证号：010，现金支票号码：38285677）。

（7）22日，支付购入汽车款168 260.20元（记账凭证号：013，转账支票号码：86848572，密码：569326541589）。

（8）22日，支付广告费10 000元（记账凭证号：014，转账支票号码：

86848573，密码：56326322896）。

（9）23日，网银支付货款26 803.60元（记账凭证号：015）。

学堂点拨

银行存款日记账的填写如图7-19所示：

银 行 存 款 日 记 账

总 1 页　第 1 页

2019年		凭证编号	支　票		摘　要	对方科目	借　　方											贷　　方											借或贷	余　　额											核对
月	日		种类	票号			亿	千	百	十	万	千	百	十	元	角	分	亿	千	百	十	万	千	百	十	元	角	分		亿	千	百	十	万	千	百	十	元	角	分	
12	1				期初金额																								借					3	0	0	0	0	0	0	√
12	1	记字001	转		收到投资款	实收资本		1	3	0	0	0	0	0	0	0	0												借		1	3	0	3	0	0	0	0	0	0	√
12	7	记字004	转支	10237029	收到转账支票	应收账款				3	5	0	0	0	0	0	0												借		1	3	3	8	0	0	0	0	0	0	√
12	8	记字005	现		现金收款存入银行	库存现金				2	0	0	0	0	0	0	0												借		1	3	5	8	0	0	0	0	0	0	√
12	9	记字006	电汇		电汇支付货款	原材料														8	0	0	0	0	0	0	0	借		1	2	7	8	0	0	0	0	0	0	√
12	11	记字007	转	84593786	支付货款	原材料													1	0	0	0	0	0	0	0	0	借		2	7	8	0	0	0	0	0	0	0	√
12	17	记字010	现支	38285671	提取备用金	库存现金														4	0	0	0	0	0	0	借		2	3	8	0	0	0	0	0	0	0	√
12	22	记字013	转支	86848572	支付购入汽车款	固定资产													1	6	8	2	6	0	2	0	借			6	9	7	3	9	8	0	0	0	0	√
12	22	记字014	转支	86848573	支付广告费	销售费用														1	0	0	0	0	0	0	借			5	9	7	3	9	8	0	0	0	0	√
12	23	记字015	转		网银支付货款	原材料														2	6	8	0	3	6	0	借			3	2	9	3	6	2	0	0	0	0	√
12	31				本月合计			1	3	5	5	0	0	0	0	0			1	3	2	5	0	6	3	8	0	借			3	2	9	3	6	2	0	0	0	0	√

图7-19　银行存款日记账的填写

第八节

微信扫一扫
免费看课程

出纳工作交接

《中华人民共和国会计法》规定，会计人员调动工作或者离职，必须与接管人员办理交接手续。一般会计人员办理交接手续，由会计机构负责人、会计主管人员监交。出纳人员交接要按照会计人员交接的要求进行；出纳人员调动工作或者离职时，与接管人员办理交接手续是出纳人员应尽的责任，也是分清移交人员与接管人员责任的重大措施。

一　出纳人员移交的内容

出纳的工作交接内容会因为企业的规模大小、会计岗位的人员多少的不同而不同，也会因为出纳人员具体的分工及其主管业务的不同而有所差异，但大致包括以下几项。

（一）财务与物资

1. 现金，包括现钞、外币、其他企业贵重物品等。

2. 财务印章，包括财务专用章、发票专用章、银行预留印鉴、现金收讫章、现金付讫章、银行收讫章、银行付讫章等。

3. 办公室、办公桌与保险柜的钥匙，银行回单柜的钥匙，银行密码器、各种保密号码等。

4. 公用会计工具、器具，如计算机、电脑等。

5. 交由出纳保管的其他财务。

（二）文件与资料

1. 会计凭证，包括原始凭证、记账凭证等。

2. 会计账簿，包括现金日记账、银行存款日记账及其他由出纳掌管的账簿等。

3. 相关报表，如出纳报告、资金报表等。

4. 用于银行结算的各种票据、票证、支票簿等。

5. 支票，包括空白支票、作废支票、支票台账等。

6. 发票，包括空白发票、已用发票（含作废发票）、发票台账等。

7. 收款收据，包括空白收据、已用收据（含作废收据）。

8. 其他会计资料，包括银行对账单，应由出纳保管的证件、合同、协议等。

（三）电脑资料

1. 电脑的开机密码及管理员账号密码。

2. 电脑中相关文档的存放位置、备份文件的位置等。

3. 工作用移动设备，如U盘、移动硬盘等。

4. 会计软件的登录账户、密码。

5. 会计软件注册相关资料及加密狗、加密磁盘、安装光盘等。

（四）工作业务介绍

1. 原出纳人员工作职责和工作范围的介绍。

2. 历史遗留问题的说明。

3. 未了事项的工作说明。

4. 其他需要说明的业务事项。

二 移交前的准备工作

为了使出纳工作移交清楚，防止遗漏，保证出纳交接工作顺利进行，出纳人员在办理交接手续前，必须做好以下准备工作：

（一）将出纳账登记完毕，并在最后一笔余额后加盖名章。

（二）在出纳账启用表上填写移交日期，并加盖名章。

（三）整理应该移交的各项资料，对未了事项写书面材料。

（四）出纳的日记账与现金、银行存款总账核对相符，现金账面余额与实际库存现金核对一致，银行存款账面余额与银行对账单核对无误。

（五）编制移交清册。列明应当移交的会计凭证、账簿、报表、印章、现金、有价证券、支票簿、发票、文件、其他会计资料和物品等内容。使用财务软件的企业，移交人员还应当在移交清册中列明会计软件及密码、会计软件数据磁盘及有关资料等。

三 出纳移交的注意事项

出纳人员在移交工作时，必须在规定的期限内向接管人员移交清楚，交接人员应按移交清册当面点收。

（一）现金、有价证券要根据出纳账和备查账簿余额进行点收，接管人员发现不一致时，移交人要负责清查。

（二）出纳账和其他会计资料必须完整无缺，不得遗漏。如有短缺，由移交人查明原因，在移交清册中注明，由移交人负责。

（三）接管人员应该核对出纳账与总账、出纳账与库存现金和银行存款对账单的余额是否相符。如有不符，应由移交人查明原因，在移交清册中注明，并负责处理。

（四）接管人员按移交清册点收单位印鉴（如公章、财务专用章、发票专用章、法人私章等）和其他实物。

（五）实行电算化的单位，必须将账页打印出来并装订成册，书面移交。

（六）接管人员办理接收后，应在出纳账启用表上填写接收时间，并签名盖章。

（七）移交清册一般一式三份，移交双方各执一份，存档一份。

四 出纳移交表

移交表主要包括库存现金移交表、银行存款移交表、有价证券/贵重物品移交表、核算资料移交表、物品移交表和交接说明书等。

（一）库存现金移交表

根据现金库存实有数，按币种（人民币和外币）分别填入库存现金移交表。

表7–2 库存现金移交表

编制单位：

币种： 移交日期： 年 月 日 单位：元

序号	面值	数量	移交金额	接受金额	备注
1	100元				
2	50元				
3	20元				
4	10元				
5	5元				
6	1元				
合计					

单位负责人： 移交人： 监交人： 接管人：

（二）银行存款移交表

根据开户银行的银行存款账面数及实有数，按币种（人民币和外币）及截止日期分别填入银行存款移交表。

表7–3 银行存款移交表

编制单位：

移交日期： 年 月 日 单位：元

开户银行	币种	期限	账面数	实有数	备注
					附：银行存款余额调节表一份
合计					

单位负责人： 移交人： 监交人： 接管人：

（三）核算资料移交表

核算资料主要包括出纳账簿，收据，借据，银行结算凭证，票据领用、使用登记簿等。

表7-4 核算资料移交表

编制单位：

移交日期： 年 月 日

资料名称	年度	数量	起止号码	备注
现金日记账				
银行日记账				
收据				
现金支票				
转账支票				

单位负责人： 移交人： 监交人： 接管人：

（四）物品移交表

物品主要包括会计用品、公用会计工具等。

表7-5 物品移交表

编制单位：

移交日期： 年 月 日

物品名称	编号	型号	购入日期	数量	备注
文件柜					
装订机					
保险柜					

单位负责人： 移交人： 监交人： 接管人：

（五）交接说明书

交接说明书是对移交表中无法列入或尚未列入的内容作具体说明的文件，一般说明书中包含交接日期、交接双方及监交人的职务和姓名、移交清册页数、需要说明的问题和意见。示例如下：

出纳交接说明书

因原出纳冷艳个人原因辞职，财务部已决定将出纳工作移交给张洁接管，现办理如下交接手续：

交接日期：2019年10月27日

具体交接业务如下：

1. **库存现金**：2019年10月27日账面余额3 000元，实存相符，日记账余额与总账相符。

2. **银行存款**：2019年10月27日建设银行（账户630602000439090233）余额290 807元、工商银行（账户6226000789079063）106 921.39元，账实相符。

3. **移交的会计凭证和账本**：

2018年：现金日记账1本，银行日记账1本，支票台账1本，作废现金支票2张，作废转账支票3张。

2019年：现金日记账1本，银行日记账1本，支票台账1本，作废现金支票2张，作废转账支票3张。

4. **印章/印鉴**

深圳市金马商贸有限公司公章一枚，财务章一枚，财务部现金付讫章、现金收讫章各一枚，财务部银行收讫章、银行付讫章各一枚，发票专用章一枚，法人私章一枚。

5. **注意事项**：

（1）每月10日前，发放工资；

（2）每月15日前支付仓库租金，逾期付款会有滞纳金；

（3）工商银行每月18日确认余额，以备支付五险一金；

（4）使用公章、财务章要写OA审批。

以上移交事项经交接双方确认无误。本交接说明书一式三份，双方各执一份，公司存档一份。

交接人：冷艳

移交人：张洁

监交人：李大鹏

深圳市金马商贸有限公司
2019年10月27日